Autismus konkret

Hrsg. von Vera Bernard-Opitz

- Lernen mit ABA und AVT (Vera Bernard-Opitz/Christos Nikopoulos)
- Anders denken lernen – Kognitive Verhaltenstherapie (Jed Baker)
- Lernen von positiven Alternativen zu Verhaltensproblemen (Vera Bernard-Opitz)
- Lernen durch visuelle Hilfen (Anne Häussler)
- Lernen im Sekundentakt – Präzisionslernen (N.N.)
- Lernen durch Apps (N.N.)
- Lernen durch Videomodellierung (Christos Nikopoulos)
- Lernen von Spiel und Beziehungen zu Gleichaltrigen: Integrierte Spielgruppen (Pamela Wolfberg)
- Lernen im inklusiven schulischen Setting (Britta Schirmer)
- Lernen im Alltag – Natürliches Lernen (Hans-Rüdiger Röttgers)
- Die Suche nach den Ursachen von Autismus-Spektrum-Störungen (Hans-Ulrich Bernard)
- Medikamentöse Hilfe (Luise Poustka)

Jed Baker

Anders Denken lernen

Kognitive Verhaltenstherapie bei
Autismus-Spektrum-Störungen

Übersetzt von Lena Ries

Verlag W. Kohlhammer

Dieses Werk einschließlich aller seiner Teile ist urheberrechtlich geschützt. Jede Verwendung außerhalb der engen Grenzen des Urheberrechts ist ohne Zustimmung des Verlags unzulässig und strafbar. Das gilt insbesondere für Vervielfältigungen, Übersetzungen, Mikroverfilmungen und für die Einspeicherung und Verarbeitung in elektronischen Systemen.

Die Wiedergabe von Warenbezeichnungen, Handelsnamen und sonstigen Kennzeichen in diesem Buch berechtigt nicht zu der Annahme, dass diese von jedermann frei benutzt werden dürfen. Vielmehr kann es sich auch dann um eingetragene Warenzeichen oder sonstige geschützte Kennzeichen handeln, wenn sie nicht eigens als solche gekennzeichnet sind.

Es konnten nicht alle Rechtsinhaber von Abbildungen ermittelt werden. Sollte dem Verlag gegenüber der Nachweis der Rechtsinhaberschaft geführt werden, wird das branchenübliche Honorar nachträglich gezahlt.

1. Auflage 2017

Alle Rechte vorbehalten
© W. Kohlhammer GmbH, Stuttgart
Gesamtherstellung: W. Kohlhammer GmbH, Stuttgart

Print:
ISBN 978-3-17-030854-1

E-Book-Formate:
pdf: ISBN 978-3-17-030855-8
epub: ISBN 978-3-17-030856-5
mobi: ISBN 978-3-17-030857-2

Für den Inhalt abgedruckter oder verlinkter Websites ist ausschließlich der jeweilige Betreiber verantwortlich. Die W. Kohlhammer GmbH hat keinen Einfluss auf die verknüpften Seiten und übernimmt hierfür keinerlei Haftung.

Vorwort zur Reihe »Autismus Konkret«

Das afrikanische Sprichwort »It takes a village to raise a child«/ Deutsch: »Es braucht ein Dorf, um ein Kind zu erziehen«« gilt sicherlich auch für Kinder und Jugendliche mit einer Autismus Spektrum Störung (ASS). Und vielleicht braucht es sogar mehr als ein Dorf: nämlich das Wissen von Spezialisten in verschiedenen Ländern, die sich Autismus Spektrum Störungen auf ihre Fahnen geschrieben haben. Ziel unserer Reihe »Autismus Konkret« ist es daher, das Wissen internationaler Experten zu relevanten Themen zu bündeln und Eltern, Therapeuten, Lehrer und anderen Fachkräften dieses Wissen in leicht verständlicher Form und so konkret wie möglich zur Verfügung zu stellen.

Oft ist es nicht einfach, Betroffenen mit ASS zu helfen. Eltern und Fachkräfte wissen, dass Zeit besonders kostbar ist, wenn es darum geht, effektiv Veränderungen zu bewirken. Daher sollten Erklärungsmodelle und Hilfen bewährt und wissenschaftlich anerkannt sein. Wir haben daher Kollegen in Deutschland, Österreich, England und den USA gebeten, ihr Spezialwissen über bestimmte evidenzbasierte und praxiserprobte Therapiemethoden in kurzer, konkreter Form mit unseren Lesern zu teilen.

Hierbei wird ein Einblick in folgende Themen gegeben: Lernen durch ABA und AVT, Anders denken lernen – Kognitive Verhaltenstherapie zum Abbau von Frustration und Ängsten und zum Aufbau von sozialen Fähigkeiten, Lernen von positiven Alternativen zu Verhaltensproblemen, Lernen im Alltag – Natürliches Lernen, Lernen im Sekundentakt – Präzisionslernen, Lernen durch Apps, Lernen durch visuelle Hilfen, Lernen durch Videomodellierung, Lernen von Spiel und Beziehungen zu Gleichaltrigen: Integrierte Spielgruppen, Lernen im inklusiven schulischen Setting, Medikamentöse Hilfe und die Suche nach den Ursachen von Autismus-Spektrum-Störungen.

Wir hoffen dass die Bände unserer Reihe »Autismus Konkret« Eltern und Kollegen helfen, Ursachen besser zu verstehen und wissenschaftlich anerkannte Therapiemethoden kennenzulernen. Hierbei wünschen wir, dass jeder Praxisband der Serie einen Beitrag leistet, therapeutische Hilfen für Betroffene mit ASS konkreter zu machen und Kindern und Jugendlichen mit ASS eine echte Chance zu geben, sich so zu entwickeln, dass eine Teilhabe am Leben der Gemeinschaft auch tatsächlich möglich wird. Und dazu braucht es sicher »Mehr als ein Dorf«.

Dr. Vera Bernard-Opitz, Herausgeberin der Reihe, Irvine, November 2016

Inhalt

Vorwort zur Reihe »Autismus Konkret« 5

Vorwort 9

1 Entwicklung eines wissenschaftlichen Therapieansatzes: Kognitive Verhaltenstherapie ... 11

2 Schlüsselelemente kognitiver Verhaltensmodelle ... 15

3 Krisenmanagement und Prävention von herausforderndem und unkontrolliertem Verhalten 21

4 Ängste und Panik überwinden: Behandlung von Angststörungen 69

5 Soziale Fähigkeiten unterrichten 87

6 Arbeitsblätter 103

7 Zusammenfassung 133

Literaturhinweise 137

Zum Autor 141

Vorwort

Kinder, Jugendliche und Erwachsene mit Autismus Spektrum Störungen benötigen oft dringend Hilfe, da in vielen Fällen Verhaltensauffälligkeiten ihren Chancen auf ein möglichst stressfreies Leben und eine Teilhabe an der Gesellschaft im Wege stehen. In den vergangenen Jahren haben sich speziell bei Betroffenen mit guten verbalen Fähigkeiten Strategien der Kognitiven Verhaltenstherapie (KVT) bewährt. Dieser Ansatz erweitert die Prinzipien der Angewandten Verhaltensanalyse (ABA: Applied Behavior Analysis). Hierbei geht man davon aus, dass eine Veränderung von Auslösern und Konsequenzen von Verhalten allein oft nicht ausreichend ist, Problemverhalten zu verringern. Um Verhalten umfassend zu verstehen und behandeln zu können, müssen biologische Einflussfaktoren sowie das Denken über herausfordernde Situationen berücksichtigt werden. Anhand von zahlreichen Beispielen wird gezeigt, wie durch KVT die Probleme verhindert werden können, wie Krisen gemanagt werden können und Sozialverhalten und Kommunikation verbessert werden kann.

Jed Baker ist bekannter Buchautor und international anerkannter Sprecher, der viele praxisnahe Bücher zur Entwicklung von sozialer Kompetenz sowie zum Abbau von Wutausbrüchen und Ängsten geschrieben hat. Sein vorliegender Beitrag ist ein weiteres Highlight unserer Praxisserie »Autismus Konkret«.

Wir bedanken uns bei Lena Salinger für die gute Übersetzungsarbeit und bei Frau Filbrandt und Herrn Dr. Poensgen vom Kohlhammer-Verlag für die hervorragende Unterstützung dieser Serie.

Vera Bernard-Opitz, BCBA-D, Irvine, Hildesheim, November 2016

1 Entwicklung eines wissenschaftlichen Therapieansatzes: Kognitive Verhaltenstherapie

Verhaltenstherapie hat sich im späten 20. Jahrhundert als Antwort auf die damals vorherrschende Psychoanalyse nach Freud entwickelt. Diese betonte bewusste und unbewusste Vorgänge und damit schwer oder gar nicht messbares Verhalten. Der Behaviorismus (abgeleitet vom englischen Begriff behavior = Verhalten) entwickelte eine wissenschaftlich fundierte Richtung der Psychologie, die sich auf beobachtbares und messbares Verhalten stützt. Anfangs ignorierten die Behavioristen deshalb kognitive Denkprozesse, da diese nicht direkt beobachtbar und daher schwer messbar sind. Sie gingen davon aus, **dass Verhal-**

ten allein durch Konditionierung gelernt wird, die durch Interaktion mit der Umwelt auftritt. Diese geschieht durch Reize, die wiederum Reaktionen hervorrufen, die entweder verstärkt oder bestraft werden.

Jahrelang sprachen Behavioristen nicht über Gedanken oder Emotionen, da diese nicht objektiv messbar sind. Viele der frühen Lernexperimente wurden mit Tieren durchgeführt. Dabei wurden die Ergebnisse zunächst besonders auf nicht-sprechende Individuen mit schweren Entwicklungsstörungen übertragen. Später begannen Verhaltenstherapeuten auch mit Menschen zu arbeiten, die sprechen konnten und die damit über ihre Interpretation der Umwelt berichten können. Sie wandten einen *kognitiven verhaltenstherapeutischen Ansatz an,* der sich auf Konzepte der Kognitionspsychologie wie Denken, Entscheidungsfindung, Sprache und Problemlösung konzentriert. Dieser Ansatz ignoriert die mentalen Prozesse nicht mehr, sondern beachtet, wie diese Veränderungen das direkt beobachtbare Verhalten beeinflussen.

> *Wenn man einem Kind zum Beispiel beibringt, dass jemand, der es ärgert, nur einen Spaß macht und sich danach sein Verhalten gegenüber der Person, die es ärgerte, ändert, es etwa weniger schlägt oder schreit, kann man das Verhalten als Ergebnis einer kognitiven Intervention messen. Solange eine kognitive Intervention zu messbaren Veränderungen im Verhalten führt, handelt es sich um einen wissenschaftlichen Ansatz.*

Kognitive Verhaltenstherapie (KVT) basiert auf der Annahme, dass das Denken über sich und die Umwelt eine ursächliche Rolle für emotionale Reaktionen spielt. Diese führen dann zu verändertem Verhalten in Alltagssituationen. Autoren wie Beck, Ellis,

Burns, Barlow und andere entwickelten KVT-Verfahren zur Behandlung von Depressionen und Angststörungen. Hierbei lernen Betroffene ihr Denken über Ereignisse so zu verändern, dass eine Veränderung der depressiven oder ängstlichen Reaktionen erreicht wird. KVT-Verfahren für Kinder zielen so auf den Umgang mit Wut, Frustration und Angst ab sowie den Aufbau von sozialen Fähigkeiten. Sie wurden später auf Kinder mit Autismus-Spektrum-Störungen (ASS) übertragen (Baker, 2001, 2003, 2005, 2006, 2008, 2013, 2015; Reaven et al., 2011; Durand, 2011; Garcia-Winner, 2007).

2 Schlüsselelemente kognitiver Verhaltensmodelle

Die folgenden Aspekte müssen berücksichtigt werden um Verhalten zu verstehen:

Klassische Konditionierung

Die Klassische Konditionierung betont die Bedeutung des Assoziativen Lernens, bei welchem bestimmte Umweltfaktoren mit einer bestimmten Verhaltensreaktion assoziiert werden. *Beispielsweise kann das bloße Erwähnen eines schriftlichen Tests Frustration hervorrufen, wenn ein ähnlicher Test in der Vergangenheit negative Gefühle ausgelöst hat.*

Durch Assoziation können bestimmte Umweltfaktoren eine positive oder **negative Reaktion** wie Frustration, Angst oder Wut auslösen. Schlüssel zur Prävention von Verhaltensproblemen ist es, die **Auslöser** von herausforderndem Verhalten zu verstehen.

Operante Konditionierung

Operantes Konditionieren zeigt die Bedeutung der **Konsequenzen** eines Verhaltens auf. Wenn auf ein Verhalten eine positive Konsequenz folgt, wird das Verhalten verstärkt und es ist wahrscheinlicher, dass dieses erneut auftritt. Die Theorie des operanten Konditionierens (d. h. welche Konsequenzen das Verhalten produziert) führt zu einem besseren Verständnis für das Auftreten eines Verhaltens und zum Einsatz wirksamer Verstärker, um erwünschtes Verhalten ebenso wie auch soziale Fähigkeiten zu erhöhen.

Kognitiv-verhaltenstherapeutische Ansätze

Kognitive Ansätze betonen das menschliche **Denken** und die Interpretation der Umwelt, die Verhalten und emotionale Reaktionen bestimmen. *Beispielsweise kann eine schriftliche Hausaufgabe Frustration hervorrufen, sie muss es aber nicht zwangsläufig. Das ist abhängig von der individuellen Wahrnehmung der Hausaufgabe und den eigenen Fähigkeiten.* Carol Dweck (2006) zeigt, dass kindliche Theorien über Intelligenz Einfluss auf den Umgang mit schwierigen Aufgaben und Fehlern haben. Kinder, die Probleme und Fehler als dem Prozess des Lernens zugehörig sehen, sind weniger frustriert als Kinder, die Probleme und Fehler als Zeichen geringer Fähigkeit und schwacher Intelligenz betrachten.

Biologische Einflussfaktoren

Kognitiv-verhaltenstherapeutische Ansätze berücksichtigen den Einfluss biologischer Faktoren auf das Denken und die Reaktionen auf Umweltauslöser. *Beispielsweise können Reaktionen stärker ausfallen, wenn Kinder Müdigkeit, Hunger oder Schmerz verspüren.*

Zusammengefasst: Ein kognitives Verhaltensmodell

Berücksichtigt man alle obenstehenden Elemente, kommt man zu mehreren Kategorien, die das menschliche Verhalten beeinflussen:

Kognitives Verhaltensmodell

Umweltauslöser ➔ Biologische Einflussfaktoren ➔ Kognition/Denken ➔ Verhalten und emotionale Reaktion ➔ Konsequenzen der Umwelt

Abb. 2.1: Kognitives Verhaltensmodell

Wenn man dieses Modell zugrunde legt, kann das Verhalten auf verschiedenen Ebenen angegangen werden. Verändern lassen sich die Auslöser eines Verhaltens, die biologischen Einflussfaktoren, das Denken und die Fähigkeiten zur Bewältigung einer herausfordernden Situation. Außerdem lassen sich auch die Konsequenzen verändern, die die Wahrscheinlichkeit für ein erneutes Auftreten des Verhaltens bestimmen. Der Fokus dieses Buchs liegt auf der Veränderung des Denkens und auf Bewältigungsstrategien, dennoch ist es wichtig zu verstehen, dass manchmal auch die Umwelt verändert werden muss. Wenn das Kind zum Beispiel von Mitschülern gemobbt wird, ist es nicht ausreichend, ihm beizubringen, anders über Gleichaltrige zu denken, um ihnen gegenüber weniger ängstlich zu sein. In diesem Fall ist es viel mehr notwendig, das Mobbing zu stoppen und einen angenehmen Umgang innerhalb der Klasse zu schaffen, anstatt sich auf die Wahrnehmung der Mitschüler durch das Kind zu beschränken.

> *Verändern lassen sich die Auslöser und Konsequenzen eines Verhaltens, aber auch die biologischen Einflussfaktoren, das Denken sowie die Fähigkeiten zur Bewältigung einer herausfordernden Situation.*

In den folgenden zwei Kapiteln werden Verhaltensprobleme auf der Basis eines kognitiven Verhaltensmodells verstanden und entsprechende Interventionen geplant. Das dritte Kapitel beschäftigt sich mit Krisenmanagement und Prävention von herausforderndem und unkontrollierbarem Verhalten. Einiges aus dem Inhalt dieses Kapitels entstammt dem Buch *No More Meltdowns* (Baker, 2008). Kapitel vier behandelt hauptsächlich, wie Ängste überwunden werden können, und ist eine Zusammenfassung des Buchs *Overcoming Anxiety in Children and Teens* (Baker, 2015). Kapitel fünf konzentriert sich auf die Verbesserung von sozialen Fähigkeiten und betont mehrere Aspekte des obenstehenden Modells. Dazu gehören Veränderung des Denkens über soziale Situationen und das Geben direkter Anweisungen, ebenso wie die Verstärkung der Fähigkeiten und Tipps zur besseren Generalisierung der Fähigkeiten. Interessierte Leser finden mehr Information über soziale Kompetenztrainings in verschiedenen Büchern des Autors (Baker, 2001, 2003, 2005, 2006).

3 Krisenmanagement und Prävention von herausforderndem und unkontrolliertem Verhalten

Schritt 1: KVT für Eltern – Das Kind positiv sehen

Eltern, die herausforderndes Verhalten ihrer Kinder als vorsätzliche und manipulative Handlung ansehen, entwickeln eher negative Gefühle und verhängen entsprechende Konsequenzen für das Fehlverhalten. Sie fühlen sich persönlich angegriffen und herausgefordert, was die negativen Gefühle verstärken kann. Obwohl Regeln und Konsequenzen für viele Kinder ein guter

Ausgangspunkt bei herausforderndem Verhalten sind, führen sie bei Kindern mit ASS, ADHS und Lernschwächen oft zur Eskalation des Problems, da Abwehr und Machtkämpfe entstehen.

Wenn herausforderndes Verhalten andauert, ist es nicht mehr wichtig, ob dieses absichtlich oder unabsichtlich ist. In beiden Fällen ist es wichtig zu wissen, warum das Verhalten andauert. Zunächst muss verstanden werden, dass es einen Grund für die Schwierigkeiten des Kindes gibt. Erst wenn man den Grund und die Funktion des Problems versteht, kann man das Problem letztendlich lösen.

Abb. 3.1: Das Denken der Eltern über ein Verhaltensproblem ist entscheidend

Mark Durand (2011) weist in seinem Buch *Optimistic Parents* auf Forschungsergebnisse zum Zusammenhang zwischen elterlichem Verständnis des kindlichen Verhaltens und deren Umgang mit herausforderndem Verhalten hin. Hierbei nimmt der sog. »Attributionsstil« eine wichtige Rolle ein. Als Attributionsstil eines Menschen bezeichnet man seine Art, Ereignissen bestimmte Ursachen zuzuschreiben. So zeigt Durand auf, dass ein optimistischer Attributionsstil der Eltern mit besseren Ergebnissen im Umgang mit herausforderndem Verhalten zusammenhängt. Es gibt hierbei drei Denkarten über das herausfordernde Verhalten, die mit deutlicheren Verhaltensverbesserungen einhergehen: (1) temporäre vs. stabile Attributionen, (2) spezifische vs. allgemeine Attributionen, (3) externe vs. interne Attributionen.

Temporär vs. stabil

Es ist wichtig für Eltern herausforderndes Verhalten als etwas Temporäres zu verstehen, das sich auch mit der Zeit ändern kann. Diese Haltung bezeichnet man als Hoffnung. Durand schaute sich an, was aggressives oder angepasstes Verhalten bei jungen Kindern mit ASS am besten voraussagt. Er fand heraus, dass der elterliche Optimismus ein besserer Prädiktor als Sprachniveau und aggressives Verhalten in der Vergangenheit sind. Wenn Eltern Hoffnung auf Besserung haben, verhalten sie sich weiterhin in einer für das kindliche Verhalten förderlichen Weise. Eine optimistische Haltung der Eltern führt also zu besseren Ergebnissen.

Spezifisch vs. allgemein

Zur optimistischen Grundhaltung gehört auch, dass man das kindliche Verhalten als spezifische Herausforderung sieht und nicht als allgemeines Charakterproblem. Hat ein Kind einen Wutanfall könnte das bedeuten, dass es keine bessere Strategie hat mit seinen Gefühlen umzugehen, nicht dass es ein »schlechtes« Kind ist. Die Konzentration auf das spezifische herausfordernde Verhalten anstelle einer Etikettierung des Kindes als »schwierig« führt zu einer optimistischen Haltung und einer deutlicheren Verhaltensverbesserung.

Externe vs. Interne Attribution

Manchmal machen Eltern und Lehrer Kindern Vorwürfe für ihr Fehlverhalten und verstehen dieses als vorsätzliches Handeln. Manchmal werden auch Eltern oder Lehrern Vorwürfe für das Fehlverhalten des Kindes gemacht. Schuldzuweisung wird »interne Attribution« genannt, da das Problem dann in der Person eines anderen gesehen wird. Dies führt oft zu Ärger und Vorwürfen und ausbleibender Verbesserung des Verhaltens. Betrachtet man demgegenüber das Problem als durch äußere Faktoren bestimmt, also als *Diskrepanz zwischen den Anforderungen, die an ein Kind gestellt werden und seinen Fähigkeiten diese zu bewältigen*, gibt es keine Schuldzuweisungen und negativen Gefühle. Man kann dann leichter an Bewältigungsstrategien arbeiten und die Anforderungen an das Kind können verändert werden.

Mit der richtigen Grundhaltung von Eltern und Lehrern können wir uns nun dem Krisenmanagement und schließlich der Prävention von herausforderndem Verhalten widmen.

Schritt 2: Ablenkung als Krisenmanagement

Abb. 3.2: Ablenkung kann eine erste Nothilfe sein

> • *Eines Nachmittags fuhr ein Siebtklässler mit seiner Mutter im Auto zu mir. Sie kamen an einer Videothek vorbei und der Junge bat: »Mama, halt an, es gibt ein neues Videospiel, das gerade erst rauskam.« Die Mutter entgegnete: »Nein, wir sind zu spät dran für deinen Termin bei Dr. Baker.« Der Junge flehte: »Du verstehst nicht, es kam gerade raus und ich muss es haben.« Sie antwortete: »Du hast mir das vorher nicht gesagt und jetzt sind wir spät dran.« Als die Mutter weiterfuhr sagte er: »Oh, ich hasse dich. Dreh jetzt um.« Ab diesem Zeitpunkt ignorierte die Mutter ihn, während er vor Wut tobte.*

- *Als sie in meiner Praxis ankamen begann er auf und ab zu gehen und sagte: »Das ist echt Scheiße, ich hasse es hier zu sein, ich hasse diese Praxis.« Seine Mutter erklärte, dass er nicht zur Videothek konnte. Ich fragte die Mutter, ob sie ihm versprechen könnte, direkt nach unserer Sitzung hinzufahren. Sie stimmte zu und ich sagte ihm: »Gute Neuigkeiten, deine Mutter hat gesagt, wenn wir jetzt arbeiten, bringt sie dich direkt danach zur Videothek.« Er schien das nicht zu hören und tobte weiterhin vor Wut und sagte wie ihn alles nerve und wie sehr er meine Praxis hasse. Die Mutter war verzweifelt wegen der Autofahrt und seinem Verhalten in meiner Praxis. Sie hörte auf, ihm Dinge zu versprechen, und begann, ihm zu drohen: »Wenn du dich jetzt nicht beruhigst, werde ich dich nie wieder zur Videothek bringen!« Er schien sie nicht zu hören. Er tobte vor Wut und seine Mutter war ebenfalls nicht weit davon entfernt, ihre Fassung zu verlieren.*
- *Ich erinnerte mich, dass er gerne das Kartenspiel UNO® spielte und sagte: »Ich spiele jetzt UNO®.« Er antwortete: »Ich spiele nicht!«. Ich sagte, dass sei ok und ich würde mit seiner Mutter spielen.*
- *Die Mutter war gut darin, so zu tun, als ob sie nicht wüsste, wie man spielt und bemerkte: »Ich bin nicht sicher, welche Karte ich spielen soll, ich werde verlieren.« Der Junge spickte in ihre Karten und nahm wortlos eine Karte für sie. Nun spielte ich mit ihm. Auch wenn er ein schlechter Verlierer war und wir eigentlich an gutem Verlieren arbeiten wollten, entschied ich mich in diesem Moment dagegen und ließ ihn gewinnen. Schließlich lächelte er und hatte gute Laune. Er war zurück aus seinem »Ausrast-Modus«.*
- *Jetzt wo die Krise überwunden war, wollte die Mutter verständlicherweise sicherstellen, dass das Problem nicht noch-*

mal auftrat. Sie versuchte eine Lösung für das nächste Mal zu finden. Er sollte nicht jedes Mal, wenn jemand »Nein« sagte, ausrasten. Sie sagte zu ihm: »Jetzt wo du dich beruhigt hast, lass uns nochmal über die Sache mit der Videothek sprechen.« Sein Gesicht veränderte sich und er begann wieder Hin und Her zu laufen und zu schreien: »Das stinkt mir, ich hasse es hier zu sein...« Bei manchen Kindern kann man das Rad nicht zurückdrehen und vergangene Probleme diskutieren, besonders wenn sie noch so frisch sind. Aber wie können wir eine Lösung finden und zukünftige Probleme verhindern, wenn wir nicht mit dem Kind darüber sprechen können?

- *Ich bereite ihn auf zukünftige Situationen, in denen er nicht haben konnte, was er wollte, vor, indem ich nie die Situation mit der Videothek erwähnte. Nach weiteren UNO®-Runden und anderen beruhigenden Aktivitäten, machte ich gegen Ende der Sitzung einen Plan mit ihm für das nächste Mal. Ich sagte ihm: »Nächste Woche, wenn du zu mir kommst, fährst du vielleicht an McDonalds vorbei«, Ich sagte nichts über die Videothek, »und du willst vielleicht hingehen, aber deine Mutter sagt ›Nein‹, weil sie gerne woanders essen möchte. Wenn du cool bleibst und nicht wütend wirst, wird sie vielleicht so froh über dich sein, dass sie dir zu Hause Nachtisch gibt oder dich Computer spielen lässt.«*

Die Wahrheit ist, dass er immer Computer spielen kann; wir haben nur betont, er würde die Dinge bekommen, wenn er das »McDonalds-Nein« akzeptieren würde. Um ein »Nein« zu akzeptieren und nicht als Weltuntergang zu betrachten, müssen Kinder sich auf andere positive Aktivitäten konzentrieren. Dann gibt es einen guten Grund, die Kontrolle zu behalten.

> **Deeskalation eines »Ausrastens«**
> 1. Nutzen Sie Ablenkung, um Eskalation zu verhindern, wenn Begründungen, Logik, Drohung und Bestrafung keinen Erfolg haben.
> 2. Dies ist nur ein Notfallplan, wenn Kinder außer Kontrolle geraten. Es ersetzt nicht die harte Arbeit herauszufinden, warum das Problem auftritt und ein Präventionsprogramm aufzustellen, wie das im nächsten Abschnitt beschriebene.
> 3. Wenn das gleiche Problem sich mehrfach wiederholt, entwickeln Sie einen Plan, so dass er sich nicht wiederholt. Bei der Besprechung des Plans muss man sich entscheiden, ob bereits aufgetretenes Fehlverhalten mit dem Kind besprochen wird. Manche Kinder können mit einem offenen Gespräch umgehen, andere nicht. Dazu muss man das Kind kennen.
> 4. Wenn ein Kind versucht, eine Aufgabe mit einem Wutanfall zu vermeiden, würde Ablenkung das Verhalten verstärken, da man dann erlaubt, die Aufgabe abzubrechen. In diesem Fall ist es besser, dem Kind beizubringen, nach einer Pause zu fragen, anstatt einen Wutanfall zu bekommen. Außerdem kann man die Aufgabe vereinfachen, um sie weniger unangenehm zu machen.

Ablenkung

Es gibt viele Möglichkeiten, Kinder abzulenken und damit deeskalierend zu wirken. Für jüngere Kinder bis drei Jahren kann Ablenkung eine einfache und wirkungsvolle Technik sein. Kinder unter drei sind relativ leicht abzulenken, indem man ihnen ein interessantes Spielzeug, Buch oder Kuscheltier gibt, sie aus dem

Fenster schauen lässt, den Fernseher einschaltet oder sie umarmt und auf dem Schoß springen lässt.

Auch bei älteren Kindern können all diese Dinge wirken. Oft reichen sie jedoch nicht aus, um die Aufmerksamkeit von dem, was sie wütend macht, abzuziehen. Stattdessen muss man alles in Betracht ziehen, was das Kind sonst auch interessiert. Für das Kind im obenstehenden Beispiel ist es ein geliebtes Kartenspiel. Im Allgemeinen sind die Interessen des Kindes die wirkungsvollste Ablenkung.

Ablenker

Für Kleinkinder
- Kuscheltier
- Lieblingsspielsachen
- Fernsehen
- Aus dem Fenster sehen
- Umarmungen
- Auf dem Schoß der Eltern hopsen

Ablenker

Für ältere Kinder

Nutzen Sie die **Interessen und Faszinationen** des Kindes. Im Beispiel oben war es ein Kartenspiel. Es könnten auch Computerspiele, Zeitschriften oder Diskussionen über beliebte Aktivitäten sein.

Nutzen Sie **Humor**, um das Kind zum Lachen zu bringen und so von dem, was es aus der Fassung bringt, abzulenken. Hierbei muss man vorsichtig sein, damit nicht der Eindruck entsteht, man mache sich über das Kind lustig. Um das sicherzustellen, kann man fragen: »Ist es ok für dich, wenn ich dich zum Lachen bringe, um dich abzulenken?« Wenn ein Kind ablehnt, verwerfen Sie diese Taktik.

Auch das Spiegeln der Gefühle des Kindes **kann helfen**, so dass es sich verstanden fühlt. Beispiel:

- »Ich fand Mathe auch schwer und wünschte, du müsstest das nicht machen.«
- »Ich mag es auch nicht, wenn du auf etwas warten musst, was du haben möchtest.«
- »Ich verstehe wie gerne du gewonnen hättest. Es war dir sehr wichtig.«
- »Ich sehe, warum du sauer wurdest, so dass du sie schubsen wolltest, vor allem weil sie dich zuerst geschubst hat... aber es ist für euch beide nicht in Ordnung zu schubsen.«

Myles und Southwick (2005) bieten ähnliche Strategien an, um einen Zusammenbruch zu verhindern. Diese Vorschläge sind hilfreich:

- **Das Kind als Bote:** Dieser Vorschlag kann in einer Klasse hilfreich sein. Wenn ein Schüler anfängt sich aufzuregen, schicken Sie ihn mit einer wichtigen Botschaft zur Schulsekretärin, um ihn so von den aufwühlenden Ereignissen abzulenken.
- **Nähe zum Kind:** Manchmal nutzt es, sich dem Kind zu nähern oder es zu berühren, um zu zeigen, dass man da ist und helfen kann. Das kann hilfreich sein, wenn die Ursache des Verhaltensproblems nicht im Erwachsenenverhalten, son-

dern in der Frustration mit einer Arbeit oder einem Spiel begründet ist.
- **Ein geheimes Signal:** Ein Lehrer oder Elternteil kann ein geheimes Signal – wie einen Blick oder Husten nutzen – um dem Kind mitzuteilen, dass es anfängt, sich aufzuregen, und jetzt sein Verhalten beobachten soll.
- **Schriftlicher Ablaufplan:** Das Kind erhält eine visuelle Hilfe, um ein Verständnis dafür zu schaffen, was als nächstes zu erwarten ist. Dies kann helfen, die Konzentration vom beunruhigenden Ereignis hin zu beruhigenden Routinen zu lenken.
- **Rückzugsort schaffen:** Es kann sinnvoll sein, den Kindern einen Ort zu bieten, an dem sie sich wohlfühlen und sich zurückziehen können, wenn sie aufgebracht sind. Dies kann zum Beispiel ein Sitzsack mit Lieblingsbüchern und Kuscheltieren im Schlafzimmer oder Klassenzimmer sein. Benutzen die Kinder einen solchen Ort zu häufig und um Aufgaben zu vermeiden, sollte man sich eher um die Prävention des Wutausbruchs bemühen und die Aufgaben angenehmer gestalten.
- **Aus der Situation nehmen:** Das bedeutet, mit dem Kind aus der angespannten Situation zu gehen und es zu »lüften«, ohne es noch einmal mit der Situation zu konfrontieren.

Schritt 3: Verstehen warum das Problem auftritt: Auslöser aufspüren

Es ist notwendig, nicht nur die Wogen in einem Sturm zu glätten, sondern den Sturm vorhersagen und verhindern zu können. Im

Folgenden geht es um die Auslöser eines sich wiederholenden Wutanfalls.

> *Jeden Tag hat Bill[1] in der Schulpause Probleme. Er schlägt, schubst, tritt und streitet mit anderen Schülern. Er scheint es danach zu bereuen. Seine Lehrerin versucht zu helfen, indem sie ihm jeden Tag eine Belohnung verspricht, wenn es nicht zu einer körperlichen Auseinandersetzung in der Pause kommt. Bill möchte die Belohnung gerne erhalten, aber trotzdem kehrt er nach jeder Pause frustriert zurück, da er eine körperliche Auseinandersetzung hatte und die Belohnung nicht erhält. Bill hat auch schon verschiedene Arten von Bestrafung wie Verlust der Pause oder Fernsehverbot erfahren. Keine dieser Konsequenzen hat jedoch sein Verhalten verändert. Traditionelle Disziplinierungsmaßnahmen sind also nicht ausreichend. Man muss zunächst verstehen, warum Bill weiterhin Probleme in der Pause hat.*

Verstehen der Auslöser

In der verhaltenstherapeutischen Literatur spricht man von einer »*Funktionalen Verhaltensanalyse*«, wenn man versucht zu verstehen, warum Verhaltensprobleme auftreten: Von diesem technisch klingenden Begriff darf man sich nicht einschüchtern lassen; es bedeutet nicht mehr als zu verstehen, worin ein Problem begründet ist und wie es aufrechterhalten wird. Der Begriff »funktional« bezieht sich auf die Annahme, dass Problemverhalten eine bestimmte Funktion erfüllt. Dazu zählt z. B., eine

---

1 Die Namen aller im Text genannten Kinder und Jugendlichen wurden verändert.

schwierige Situation zu vermeiden, Aufmerksamkeit von anderen zu erhalten, Frustration abzulassen oder ein anderer Zweck. Wenn man ein Präventionsprogramm erstellt, ist es weniger wichtig zu wissen, wie ein Verhalten aussieht (ob das Kind haut oder schreit), als vielmehr zu erfahren, unter welchen Umständen das Verhalten auftritt. Ein Kind, das beispielsweise andere Kinder schlägt, um mit ihnen zu spielen, wird in der Therapie Alternativen lernen, um mit Anderen ins Spiel zu kommen. Dagegen lernt ein Kind, das andere Kinder schlägt, um sie von sich fernzuhalten, in seinem Präventionsprogramm zu sagen, dass es allein sein möchte. Das gleiche Verhalten (in diesem Fall »Hauen«) impliziert also unterschiedliche Interventionen je nachdem, warum es auftritt.

> *Bevor man ein Verhaltensproblem ändern kann, muss man verstehen, welche Funktion es hat und wie es aufrechterhalten wird.*

Das ABC des Verhaltens: Antezedenz, Behavior (engl. Verhalten), Consequence (engl. Konsequenz)

Um zu untersuchen, warum ein Problem auftritt, muss man mehr über die Umstände des Verhaltens wissen. Das wird oft ABC des Verhaltens genannt. »A« *steht für Antezedenz* oder was vor dem Verhalten passiert ist. »B« *steht für Behavior*, das Verhalten selbst, also was das Kind Problematisches gemacht oder gesagt hat. Und »C« *steht für Consequence*, die Konsequenzen, die nicht unbedingt Bestrafung meinen, sondern was nach dem Verhalten passiert ist. Im Prinzip stehen »Antezedenz, Behavior und Consequence« also für »vor, während und danach«. Weiß man, was vor dem Verhalten passiert ist, gibt dies Hinweise auf Auslöser des Problems. Informationen über die Ereignisse nach dem Verhalten zeigen, ob etwas Verstärkendes an dem Verhalten ist (z. B. versteckter Erfolg).

ABCs aufspüren: Befragung und Beobachtung

Oft kann man diejenigen, die das Verhalten beobachtet haben, befragen, um die ABCs des Problemverhaltens zu verstehen. Bekommt man hierdurch nicht genügend Informationen, muss man das Verhalten beobachten. Die folgende Tabelle stellt Antezedenz, Behavior und Consequence für ein bestimmtes Problemverhalten dar. Das folgende ABC-Tagebuch erlaubt es, die Beobachtung schriftlich festzuhalten, um später nach Mustern zu suchen und so die Ursachen des Verhaltens zu verstehen.

Fragen und Beobachtungen auf der Suche nach den ABCs

| Antezedenz | Was löst das Verhalten aus? Berücksichtigen Sie:
• **Anforderungen**: Dies können Arbeitsanweisungen sein, ebenso wie soziale Erwartungen mit jemandem zu sprechen, zu spielen oder zu interagieren.
• **Angstauslösende Situationen**: Dies können neue Situationen sein oder Situationen aus denen sich der Schüler zurückzieht oder Angst äußert.
• **Warten, »Nein« akzeptieren, Veränderungen der gewohnten Routine**: Das sind Situationen in denen der Betreffende nicht bekommt, was er erwartet. Hierzu gehören auch wahrgenommene Ungerechtigkeiten, etwa wenn ein Kind glaubt, es werde nicht wie erwartet fair behandelt.
• **Bedrohung des Selbstwertgefühls**: Dazu gehört, Fehler zu machen, korrigiert zu werden, ein Spiel zu |

Schritt 3: Verstehen warum das Problem auftritt: Auslöser aufspüren

Fragen und Beobachtungen auf der Suche nach den ABCs – Fortsetzung

verlieren oder geärgert zu werden. Diese Situationen können eine Bedrohung für die Selbstwahrnehmung von Individuen darstellen. Fehler und Verlieren stellen ein Problem für Kinder dar, die perfekt sein wollen. Hänseleien können ein Problem sein, wenn sie persönlich genommen werden und nicht als ein Problem desjenigen bewertet werden, der sie ärgert.
- **Sensorische Stimulation**: Dies beinhaltet den Geräuschpegel, Licht, Berührungen, Geruch, Geschmack oder andere Stimuli die ein Kind aufregen.
- **Struktur**: Das Ausmaß an Struktur der jeweiligen Auslösesituation. Zum Beispiel: Waren die Arbeitsanweisungen und Erwartungen klar formuliert? Gab es visuelle Hilfestellungen für die Anweisungen oder nur verbale Instruktionen? Zu wenig Struktur kann Kinder verwirren.

Innere Auslöser: Hierzu gehören *körperliche* Zustände wie Hunger, Schmerz, Krankheit oder Müdigkeit, aber auch psychische Schwierigkeiten wie Kummer oder eine sich verändernde Familiensituation (z. B. Scheidung, neues Geschwisterchen). Wenn das Problemverhalten über die Zeit und *über verschiedene* Situationen größer wird, kann man innere Auslöser für die *erhöhte Reaktivität des Kindes vermuten*.

Behavior — Was macht oder sagt das Kind in einer Situation?
- **Beschreiben Sie das Verhalten mit detaillierten beobachtbaren Begriffen** anstatt mit abstrakten Worten. Eine gute Beschreibung wäre »Mein Sohn schubste ein anderes Kind an den Schultern und sagte ›Ich hasse dich‹«. Im Gegensatz dazu wäre eine unklare Beschreibung »Mein Sohn wurde wütend und griff ein anderes Kind körperlich an«. Hier weiß man nicht, was gesagt wurde und wie das Kind angegriffen wurde.

Consequence — Was passierte nachdem das Verhalten auftrat? Beschreiben Sie detailliert was andere getan oder gesagt haben nachdem das Verhalten auftrat. Beachten Sie, ob das kindliche Verhalten, die folgenden Konsequenzen zeigte:

Fragen und Beobachtungen auf der Suche nach den ABCs – Fortsetzung

- **Situation vermeiden**: Eine schwere Aufgabe, eine soziale Anforderung, eine angsteinflößende Situation oder eine vermeintlich lustige Sache, die überstimulierend wirkt (z. B. Party in einem Vergnügungspark), können bei Kindern zu Blockieren, Ausreden und Wutanfällen führen.
- **Aufmerksamkeit bekommen**: Manchmal zeigen Kinder herausforderndes Verhalten, um ihr Gegenüber dazu zu bringen, mit ihnen zu spielen, zu lachen oder ihnen zu helfen. Kinder fangen eventuell an mit ihren Eltern zu ringen, wegzulaufen oder Lügengeschichten zu erzählen. Lächelt das Kind anfangs oder sieht glücklich aus, kann das ein Hinweis sein, dass das Kind eher spielen möchte anstatt eine Aufgabe zu vermeiden.
- **Einen gewünschten Gegenstand erhalten**: Die Kinder fragen zum Beispiel wiederholt nach bestimmtem Essen, Spielsachen oder einem Privileg und bekommen einen Wutanfall, wenn sie die erwünschten Dinge nicht erhalten.
- **Selbststimulation**: Dies sind wiederholende Verhaltensweisen, die scheinbar keine Auswirkungen auf andere haben, aber dem Kind Spaß bereiten und es beruhigen. Beispiele sind Selbstgespräche, Herumzappeln, Klopfen, Schaukeln und sogar Masturbation. Auch wenn das Verhalten andere ärgert, setzt das Kind es fort, um sich zu beruhigen oder sich zu vergnügen.
- **Frustration reduzieren**: Manchmal hat das kindliche Verhalten keinen Vorteil wie etwa, eine Aufgabe zu vermeiden oder Aufmerksamkeit zu bekommen. Das Verhalten ist stattdessen eine Möglichkeit, Frust abzubauen. Ein Kind, das beispielsweise durch eine Aufgabe frustriert ist, zerreißt sein Arbeitsblatt und weigert sich, es nochmal zu versuchen oder Hilfe anzunehmen.

Schritt 3: Verstehen warum das Problem auftritt: Auslöser aufspüren

Muster für ein ABC Tagebuch

Datum/Zeit	Antezendent (Auslöser)	Behavior (Verhalten)	Consequences (Konsequenzen)

- *Zurück zu Bills Problemen in der Schule: Ich begann, die Lehrerin zu befragen. Mein Ziel war es die ABCs herauszufinden. Ich fragte erst, was er tat. Sie sagte, er habe andere Kinder in der Pause getreten, geschlagen und geschubst. Ich bat sie vom letzten Mal genauer zu erzählen. Sie sagte, es sei gestern gewesen und Bill habe angeblich während der Pause einen anderen Jungen an den Schultern geschubst.*
- *Nun hatte ich eine klare Beschreibung, was Bill tat, und erkundigte mich nach den Auslösern für sein Verhalten. Ich fragte: »Was passierte, kurz bevor er den Jungen schubste?«. Sie sagte: »Ich weiß es nicht, ich bin nicht in der Pause gewesen, nur die Pausenaufsicht ist dort.« Also fragte ich die Pausenaufseher, ob sie gesehen hatten, was Bill gestern getan hatte. Sie sagte: »Ehrlich gesagt, Dr. Baker, wir haben 75*

Kinder in der Pause und wenn wir hören, dass etwas passiert ist, ist es bereits zu spät. Erwarten Sie von uns, dass wir jede Situation verfolgen?«

- *Ich kam nicht sehr weit mit meinen Befragungen. Ich versuchte andere Kinder zu fragen. Sie sagten, Bill sei auf den Jungen zugegangen und hätte ihn geschubst. Ich fragte: »Was hat der andere Junge gemacht, bevor Bill ihn geschubst hat?« Sie sagten: »Gar nichts, er hat ihn einfach geschubst.« Erneut hatte ich keinen Erfolg, die Auslöser aufzuspüren. Ich fragte Bill selbst, ob er sich erinnerte, was in der Pause passierte. Er leugnete jedoch, überhaupt jemanden geschubst zu haben, auch wenn alle anderen das behaupteten.*

- *Meine Befragungen brachten keine nützlichen Informationen, um die Situation besser zu verstehen. Also musste ich es selbst beobachten. Ich plante, ihn bald in der Pause zu beobachten und war zuversichtlich, etwas beobachten zu können, da Bills Probleme fast täglich auftraten.*

- *In der Pause beobachtete ich, wie Bill zu zwei Kindern ging, die Dame spielten und fragte: »Kann ich mitspielen?«. Sie sagten: »Nein, wir haben eben angefangen.« Bill kniff die Augen zusammen, grunzte wütend und schubste eins der Kinder. Ich fragte ihn, warum er das tat. Er sagte: »Weil sie mich hassen und mich nicht spielen lassen.« Diese Aussage zeigte mir viel über die Auslöser seines Verhaltens. Ich vermutete, dass er die Ablehnung als Beweis nahm dass andere ihn nicht mögen. Ich habe demgegenüber die Antwort der Kinder anders interpretiert. Ich denke die Jungen meinten: »Dame ist ein Spiel für zwei Personen, also kannst du jetzt nicht spielen. Wenn du wartest, kannst du danach vielleicht für den Gewinner einspringen.«*

- *Ich wollte sehen, ob meine Vermutungen über Bills Sensibilität bezüglich Ablehnung richtig waren. Ich beobachtete ihn noch länger in der Pause und auch am nächsten Tag. Bill wurde ärgerlich und schlug, schubste oder trat, wenn andere Kinder sagten, er könne nicht mitspielen. In den meisten Fällen wirkte es auf mich, als würden die Kinder in Wirklichkeit sagen, er solle warten, um für den Gewinner zu spielen oder bis beim nächsten Spiel eine neue Mannschaft gebildet würde.*
- *Ich bemerkte einen weiteren beständigen Auslöser, der Bill aufregte. Wenn es Unstimmigkeiten gab, ob ein Wurf in einem Ballspiel zählte, eskalierte die Situation und es kam zu einer Drängelei. Bill spielte Völkerball. Er warf den Ball und ein anderes Kind sagte er sei im »Aus«. Bill beharrte darauf, dass der Ball im Feld war. Die beiden Jungen stritten, bis Bill den Jungen schubste. Jetzt sah auch die Pausenaufsicht, was los war, und zog Bill am Arm zum Büro der Schulleitung. Dort wartete er, bis der Schulleiter kam. Dieser wies ihn erneut daraufhin, dass er seine Hände bei sich behalten solle und er daher morgen nicht in die Pause könne. Bill versuchte zu erklären, dass der andere Junge gelogen habe, als er sagte, sein Ball sei im Aus gewesen. Der Schulleiter betonte jedoch, dass es Bill nicht erlaubt sei, andere anzufassen, unabhängig davon, was diese tun.*

In beiden Pausen, in denen ich Bill beobachtete, hatten die körperlichen Aggressionen immer die gleiche Art von Auslösern. Sie folgten immer auf Spielablehnungen oder Streit um einen Wurf. Manchmal bemerkte die Pausenaufsicht die Auseinandersetzungen und er wurde bestraft, manchmal blieben sie unbemerkt. Es schien, als würden seine Aggressionen verhindern, dass er jemals mitspielen dürfte oder die Kinder ihm Recht gaben. Die Kinder waren Bill gegenüber nun misstrauisch und mieden ihn.

Einige dieser Pausenereignisse finden sich im untenstehenden ABC-Tagebuch Es sind meine Beobachtungen vom ersten Tag.

ABC-Tagebuch für Bill

Datum/ Zeit	Antezendent (Auslöser)	Behavior (Verhalten)	Consequences (Konsequenzen)
3.11. 11:40 Uhr	Bill geht zu zwei Jungen und fragt, ob er mit ihnen Dame spielen kann. Sie sagen: »Nein, wir haben eben angefangen.«	Bill kneift die Augen zusammen und schubst den einen Jungen. Dann geht er weg.	Der andere Junge ignoriert ihn.
	Ich frage Bill, warum er das tat.	Er sagt, weil die Jungen ihn hassen würden und nicht mitspielen lassen.	Ich versuche, ihm zu erklären, dass die Jungen vielleicht nur wollen, dass er wartet, bis das Spiel fertig ist.
3.11. 11:51 Uhr	Bill spielt mit Anderen Völkerball. Sein Ball landet nahe der Linie und ein Junge sagt, der Ball sei im »Aus«.	Bill sagt, sein Ball sei im Feld gewesen und erhebt seine Stimme gegenüber dem Jungen.	Der Junge schreit zurück: »Bill, du bist raus, geh an die Linie.« Die anderen Kinder sagen nichts.

Schritt 3: Verstehen warum das Problem auftritt: Auslöser aufspüren

ABC-Tagebuch für Bill – Fortsetzung

Datum/ Zeit	Antezendent (Auslöser)	Behavior (Verhalten)	Consequences (Konsequenzen)
	Bill und der andere Junge streiten weiter und schreien sich an.	Bill schubst den Jungen zu Boden.	Der Junge steht auf und geht auf Bill zu. Die anderen Kinder bilden einen Kreis um sie und die Pausenaufsicht sieht es. Sie fragt die Kinder, was passiert sei, und die Kinder sagen, dass Bill den anderen Jungen auf den Boden geschubst habe. Die Pausenaufsicht bringt Bill ins Büro des Schulleiters. Dort bekommt er gesagt, dass er morgen nicht in die Pause darf.

Ein Muster erkennen

• *Beim Durchsehen der ABCs von Bills Pausenverhalten entdeckte ich ein Muster. Zwei Situationen scheinen wiederkehrende Auslöser zu sein: (1) Abgelehnt zu werden, wenn er gerne mitmachen möchte und (2) Streit um fragliche Würfe beim Ballspiel. Beim ersten Auslöser scheint Bill die Ablehnung persönlich zu nehmen, da er denkt, andere würden ihn hassen. Das macht ihn ärgerlich und er will sich dafür rächen. Er sieht nicht, dass die Anderen eigentlich gar nichts gegen ihn hatten und nur wollten, dass er wartet, um*

> *in der nächsten Runde mitzuspielen. Beim zweiten Auslöser ist Bill frustriert wegen des strittigen Wurfs. Er rächt sich für die scheinbare Ungerechtigkeit.*
> - *In keiner der Situationen bekam Bill eine versteckte Verstärkung. Schaut man sich die Konsequenzen an, sieht man, dass er für sein Verhalten bestraft wurde. Sein Verhalten führte nicht zum Erreichen seiner Ziele. Der Fokus seines Präventionsprogramms sollte also nicht auf disziplinarischen Maßnahmen liegen, da bereits erfolglos versucht wurde, ihn mit Bestrafung davon abzuhalten. Bedauerlicherweise wirken diese Strafen alleine nicht. Bills Reaktionen in den Situationen machen es ihm schwer, klar über Konsequenzen nachzudenken. Das Präventionsprogramm muss sich also darauf konzentrieren, die Auslöser für seine Aufregung zu verändern ebenso wie die Art und Weise, in der er die Auslöser wahrnimmt.*

Im Folgenden wird erläutert wie man ein gutes Präventionsprogramm erstellt und was insbesondere Bill geholfen hat.

Schritt 4: Ein Präventionsprogramm erstellen

Ein gutes Präventionsprogramm ist proaktiv anstelle von reaktiv. Es konzentriert sich nicht nur auf Belohnungen und Bestrafungen als vielmehr darauf, die Auslöser von herausforderndem Verhalten zu identifizieren und zu verändern. Außerdem wird den Kindern beigebracht, schwierige Situationen vorherzusehen und zu bewältigen. Bewältigungsstrategien sind normalerweise eine neue Denkweise über die Situation, so dass hierdurch nicht der gleiche Grad an Erregung hervorgerufen wird.

Im Folgenden finden Sie die vier Schlüsselelemente eines effektiven Präventionsprogramms:
1. Auslöser verändern: Wie kann man die auslösende Situation so verändern, dass das Auftreten von herausforderndem Verhalten unwahrscheinlicher wird? Dazu kann eine Veränderung der Anforderungen oder mehr Struktur durch visuelle Hilfestellung gehören. Beispielsweise kann eine schriftliche Aufgabe so verändert werden, dass der Schüler seine Lösung diktieren kann, statt sie selbst aufschreiben zu müssen. Ebenso kann einem Kind, das nicht gut auf eine geliebte Tätigkeit warten kann, durch einen Plan oder Timer gezeigt werden, wann es soweit ist.
2. Fähigkeiten zum Umgang mit den Auslösern unterrichten: Welches Alternativverhalten kann man den Kindern beibringen, um die Situationen, die Problemverhalten oder Wutanfälle auslösen, besser zu bewältigen? Der Fokus liegt hier auf einem andersartigen Denken über die auslösende Situation, damit man mit weniger Erregung auf die Situation reagieren kann. Beispielsweise kann ein Kind lernen, dass es nicht all seine Schulaufgaben lösen muss, sondern dass schwere Aufgaben ein Zeichen für Wachstum sind und keines für einen Mangel an Intelligenz. Das Kind kann lernen, um Hilfe zu fragen anstatt die Aufgabe zu vermeiden.
Fähigkeiten zu erlernen ist abhängig vom Sprachniveau des Kindes. Die meisten sprechenden Kinder können vom »Strukturierten Lernen« profitieren. Dazu gehört (1) erklären, was zu tun ist und warum (warum andere durch die neue Fähigkeit besser reagieren und auch die Konsequenzen besser sind), (2) Vormachen der Fähigkeiten (durch Vorspielen, Video oder

Bilderabfolge der einzelnen Schritte), (3) Rollenspiel und konstruktives Feedback und (4) loben und verstärken der einzelnen Schritte (mehr über das Unterrichten von Fähigkeiten in Kapitel 5).
3. Verstärkerplan oder Verstärkerentzugssystem: Dabei geht es darum, positive und alternative Fähigkeiten zu verstärken und Privilegien bei negativem oder störendem Verhalten zu entziehen.
    a. *Verstärkung* kann sozial sein und Lob beinhalten oder materiell sein wie Zugang zu Spielsachen, besonderes Essen oder bevorzugte Spiele. Außerdem kann man Punkte sammeln, die man für größere Verstärker wie etwa ein neues Spielzeug oder einen besonderen Ausflug einsetzen kann.
    b. *Verstärkerentzug* beinhaltet Ignorieren des Verhaltens oder Wegnehmen von Privilegien wie Fernsehschauen, Computerzeit oder Hausarrest. Ignoriert werden sollte nur, wenn das Kind Möglichkeiten kennt konstruktiver mit der Situation umzugehen und bereits an das positive Alternativverhalten erinnert wurde, es sich jedoch für das störende Verhalten entschieden hat. Der Entzug von Privilegien kann besonders langwieriges Problemverhalten verschlimmern und deshalb sollte es nur in bestimmten Situationen eingesetzt werden. Man muss dabei unterschiedlich auf Kinder reagieren je nachdem wie ihre Gefühlslage ist. Ist ein Kind zum Beispiel wegen eines Fehlers frustriert und hat einen Wutanfall würde der Entzug von Privilegien das Kind nur weiter frustrieren. Im Gegensatz dazu steht unkontrollierbares Verhalten, welches von positiven Gefühlen begleitet wird. Etwa wenn ein Kind denkt, Schimpfwörter seien lustig, und sie sagt, um andere zum Lachen zu bringen. Dann kann man Verstärker für die Benutzung von Schimpfwörtern entziehen, um so das Verhaltensproblem in den

Griff zu bekommen. Das Kind ärgert sich hier noch nicht, weshalb negative Konsequenzen wirken können. Dennoch sollte versucht werden, positive alternative Verhaltensweisen zu erlernen, um andere zum Lachen zu bringen. Auch müssen die sozialen Konsequenzen von Schimpfwörtern erklärt werden (nämlich, dass viele sie eher nervig als lustig finden).
4. Biologische und körperliche Strategien: Hierzu gehören alle Strategien, die den inneren Zustand so verändern, dass das Kind schwierige Situationen mit mehr Leichtigkeit nimmt und so besser tolerieren kann.
   a. *Ernährungsumstellung zur Verringerung der Reizbarkeit und Verbesserung der Selbstkontrolle:* Einige Allergien können chronische Schmerzen und Reizungen verursachen, die zu einer erhöhten Reizbarkeit führen. Eine Reduktion der Allergene kann die Frustrationstoleranz verbessern. Teilweise werden Diäten als Allheilmittel dargestellt, was jedoch nicht bewiesen ist. Vor dem Einsatz von Diäten sollte durch Allergietests festgestellt werden, ob eine Ernährungsanpassung notwendig ist. Es gibt wissenschaftliche Erkenntnisse über höhere Aufmerksamkeit und besseres Lernen bei Kindern mit Aufmerksamkeitsproblemen durch bestimmte Ergänzungsmittel (Omega-3-Fettsäuren aus Fischöl, Sinn & Brian 2007), aber das hängt von dem jeweiligen Kind ab.
   b. *Bewegung, Meditation und Neurofeedback*: Viele Studien haben die stimmungsverbessernde Wirkung von anstrengender körperlicher Bewegung und einen Langzeiteffekt auf Lernen und Gedächtnis gezeigt. Bessere Stimmung, höhere Aufmerksamkeit und verbessertes Lernen bedeuten auch weniger Frustration durch körperliche Bewegung. Das Newsweek Magazine hat viele dieser Studien zu den Effekten von Bewegung auf das Gehirn in einem Artikel zusam-

mengefasst (Carmichael, 2007). In einigen Studien konnte gezeigt werden, dass Bewegung und Achtsamkeitsmeditation Ängste und Depressionen und damit auch die Notwendigkeit von Antidepressiva verringern können (Otto & Smits, 2011; Segal et al., 2010). Studien zur Wirkung von Neurofeedback haben eine verbesserte Daueraufmerksamkeit und weniger Ängste und Depressionen festgestellt (Hammond, 2005; Lofthouse et al., 2012).

c. *Medikamente zur Veränderung von Impulskontrolle und Stimmung:* Medikamente können Verhalten verbessern, aber aufgrund von Nebenwirkungen und fehlenden Studien zu Langzeiteffekten bei Kindern *sollten sie nicht die erste Wahl sein.* Alle oben beschriebenen Methoden sollten genutzt werden, bevor man an Medikation denkt. Hilft es nicht, die Auslöser zu verändern und dem Kind Fähigkeiten zu vermitteln, und hat das Verhalten das Ausmaß einer Krise (z. B. das Kind steht kurz vor einem Schulverweis oder ist selbstmordgefährdet), dann kann eine Medikation eine wertvolle Erwägung sein. Ein qualifizierter Arzt sollte die Symptome genau untersuchen und Vor- und Nachteile der Behandlung abwägen. Das bedeutet, dass der Arzt unmittelbares Feedback durch Eltern, Schule und von Labortests erhält, um Dosierung und Nebenwirkungen zu beurteilen.

Ein Präventionsprogramm für Bill (Auszug aus Baker 2008)

Bills Präventionsprogramm zielte auf die Veränderung der Auslöser ab sowie auf das Erlernen von geeigneteren Sichtweisen und einem besserem Umgang mit den Auslösern. Besonders wichtig war dabei, dass Bill Kinder zum Spielen hat und versteht, was Kinder meinen, wenn sie ihm sagen, er könne nicht sofort mitspielen. Außerdem sollte er auf »umstrittene« Würfe beim Ballspiel in der Pause vorbereitet sein und mit der Situation umgehen, ohne sich körperlich auseinanderzusetzen. So sieht sein Plan in Bezug auf die oben erwähnten Komponenten aus:

Auslöser verändern

- *Einer der Hauptauslöser waren Kinder, die Bill nicht mitspielen ließen. Dies sollte seltener passieren. Wir wollten sicherstellen, dass er immer jemanden zum Spielen hatte. Die Pausenaufsicht machte strukturierte Spiele als Angebot, zu dem sie Bill einlud. Zusätzlich durfte Bill Spiele und Bälle mit in die Pause bringen, so dass die anderen Schüler ihn fragen mussten, ob sie mitspielen können. So musste Bill nicht immer fragen.*
- *Trotz dieser Bemühungen gibt es immer noch unvermeidbare Auslöser. Gelegentlich wird Bill ein Spiel, welches nicht von den Pausenaufsicht initiiert wurde, mitspielen wollen. Für diese Fälle sollte ein Mitschüler Bill sagen, dass er nicht mitspielen kann, wenn das Spiel bereits begonnen hat, und dass er warten müsse, bis das nächste Spiel beginnt, anstatt die Absage als Zeichen der Ablehnung zu betrachten.*
- *Außerdem muss Bill den Umgang mit »umstrittenen« Würfen beim Ballspiel lernen. Auch wenn es toll wäre, wenn man dafür sorgen könnte, dass es nie Streit um fragliche Würfe gibt, sind diese Konflikte unvermeidbar. Da es nicht möglich ist, diesen Auslöser zu verändern, muss Bill den Umgang mit Frustration ohne körperliche Auseinandersetzung lernen.*

Umgang mit Auslösern erlernen

- *Ich erklärte Bill, dass die Spielabsagen der Kinder meistens bedeuten, er müsse nur warten bis das Spiel fertig war. Und dass es nicht bedeute, dass die Kinder ihn nicht mögen. Ich überzeugte ihn damit, dass einige Kinder, die zuerst eine Absage erteilten, ihn später beim Wählen neuer Mannschaften mitmachen ließen. Wir redeten außerdem darüber, wie er während des Wartens jemand anderes zum Spielen finden konnte.*
- *Wir sprachen auch über die fragwürdigen Bälle beim Spiel. Ich erklärte ihm, dass es gut sein könne, dass er den Wurf richtig gesehen habe, dass er aber weniger Zeit zum Spielen habe, wenn es zu einer Rangelei komme: erstens, weil er dann zur Schulleitung müsse, und zweitens, weil sie die Zeit zum Streiten verschwendet hätten. Ich fragte ihn, ob ihm mehr Zeit zum Spielen oder die Zustimmung der anderen über den fragwürdigen Ball wichtiger seien. Bill gab zögerlich zu, dass er mehr Zeit bevorzugen würde. Ich machte deutlich, dass sie ohne Diskussionen schneller weiterspielen könnten und insgesamt mehr Zeit zum Spielen hatten. Außerdem erinnerte ich daran, dass mehr Kinder mit ihm spielen wollen, wenn er nicht immer über Bälle diskutiere.*
- *Beide Aspekte fassten wir auf einem Spickzettel zusammen. Beim Erlernen neuer Fähigkeiten hat man nie eine Garantie, dass die erworbenen Fähigkeiten auf den Alltag übertragen werden. Um die Chancen hierfür jedoch zu verbessern, ist es wichtig, Bill in den verschiedenen Alltagssituation an das Gelernte zu erinnern. Am besten macht man das kurz vor der Pause, bevor er es braucht. Seine Eltern und ich baten die Lehrerin den Spickzettel (siehe unten) über mehrere Wochen kurz vor der Pause mit Bill zu besprechen.*

> **Spickzettel**
> - Wenn Kinder sagen, du kannst nicht mitspielen, meinen sie, du sollst warten bis zum nächsten Spiel. Es heißt nicht, dass die anderen Kinder dich nicht mögen. Du kannst ein anderes Spiel spielen, während du wartest.
> - Es wird fragwürdige Bälle beim Spielen geben. Wenn du nicht darüber diskutierst, hast du mehr Zeit zum Spielen und mehr Kinder, die mit dir spielen wollen.

- *Wir fragten auch die Pausenaufsicht, ob sie Bill direkt unterstützen kann, wenn sie sieht, wie er wegen einer Spielablehnung ärgerlich wird. Sie erinnerte ihn dann nochmal daran, dass er nur warten muss, bis das nächste Spiel beginnt und in der Zeit etwas anderes spielen kann. Ebenso sollte sie Bill daran erinnern, dass er mehr Zeit zum Spielen habe, wenn er unabhängig davon, ob er im Recht sei, nicht diskutierte.*
- *Durch die Besprechung des Spickzettels kurz vor der Pause und die Unterstützung der Pausenaufsicht in der Pause zeigte Bill kein aggressives Verhalten mehr.*

Verstärkung und Verstärkerentzug

- *Bill war sich über die Konsequenzen für aggressives Verhalten bewusst. Hierzu gehörten, dass er am nächsten Tag nicht in die Pause gehen durfte und Fernsehverbot zu Hause erhielt. Seine Lehrerin bot ihm außerdem Verstärkung für jeden Tag ohne körperliche Auseinandersetzung an, aber Bill fragte nie danach. Er schien zufrieden darüber zu sein, dass er nun in der Pause keine Probleme mehr hatte. Bill brauchte die Fähigkeiten um sein Verhalten zu verändern, nicht aber die Verstärkung.*

Biologische und körperliche Strategien

- Bills Eltern hatten von einigen Experten den Rat bekommen seine Aggressionen mit Medikamenten einzudämmen. Die Eltern zogen es in Erwägung, wollten aber zuerst dem Präventionsprogramm eine Chance geben. Mit dem Erfolg des Präventionsprogramms entschlossen sie sich gegen eine Medikation.
- Bills verbessertes Verhalten in der Pause sorgte dafür, dass er nachts besser schlief und folglich besser gelaunt war.

Kurzanleitung für Präventionsprogramme zu verbreiteten Auslösern

Im Folgenden finden Sie eine Zusammenfassung über die Erstellung von Präventionsprogrammen zu verbreiteten Auslöser von herausforderndem Verhalten. Das Meiste hiervon entstammt dem Buch *No More Meltdowns* (Baker, 2008), in dem sich zusätzlich Fallbeispie e finden.

Hohe Arbeitsanforderungen

Auslöser verändern

1. Bauen Sie Zuversicht auf, indem Sie mit einfachen Dingen beginnen.
2. Seien Sie ein Modell: Machen Sie die Aufgabe vor, bevor das Kind es tun soll.
3. Bieten Sie Möglichkeiten an motorische Schwierigkeiten zu kompensieren, z. B. durch Nutzung der Computertastatur oder

Spracherkennungssoftware anstelle von handschriftlichem Schreiben. Auch fotografieren anstatt Notizen abzuschreiben ist möglich.
4. Teilen Sie umfangreichere Aufgaben in kürzere. Nutzen Sie Timer und Pläne, um die Arbeitslänge bis zur Pause zu reduzieren.
5. Nutzen Sie visuelle Hilfen, um schwere Konzepte besser darzustellen. Mind Maps, Gliederungen und schriftliche Schritt-für-Schritt-Anleitungen vereinfachen kompliziertes Material.
6. Wenn möglich geben Sie dem Kind eine Wahl für die Inhalte einer Aufgabe. Beispielsweise kann eine Schreibaufgabe auf den Interessen des Kindes basieren.

Unterrichten Sie, »sich zu bemühen, wenn es schwer ist«
Die Kinder sollen lernen, warum Anstrengung wichtiger ist als das Ergebnis. Carol Dweck (2006) hat gezeigt, dass Kinder, die Intelligenz als etwas Veränderliches verstehen und wissen, dass von ihnen nicht erwartet wird, alles zu können, besser mit schweren Aufgaben umgehen können. Außerdem verstehen sie Fehler als Teil des Lernprozesses und können Hilfe annehmen. Dweck unterscheidet zwischen zwei gegensätzlichen Theorien, die Individuen über ihre Fähigkeiten haben: eine starre Denkweise und eine flexible Denkweise.

Individuen mit starrer Denkweise gehen davon aus, dass Intelligenz eine feststehende Eigenschaft ist und man mit einer gewissen Menge geboren wird, die sich kaum verändert. Einen Test schreiben oder eine Note bekommen sind dann entweder Bestätigungen oder Widerlegungen für die eigene Intelligenz. Da Fehlermachen für Menschen mit starrer Denkweise bedeutet, dass sie nicht clever genug sind, bevorzugen sie Aufgaben, von denen sie wissen, dass sie sie schaffen. Sie wollen keine Fehler machen oder Hilfe annehmen, da dies für sie bedeutet, nicht intelligent genug zu sein.

Menschen mit flexibler Denkweise glauben, dass Fähigkeiten wie Intelligenz sich durch harte Arbeit und Anstrengung entwickeln und Begabung nur einen Ausgangspunkt darstellt. Diese Menschen haben Spaß an Herausforderungen. Sie nehmen Fehler und Hilfe als Chance etwas zu Lernen wahr. Es überrascht nicht, dass Dweck (2006) bei Menschen mit flexibler Denkweise bessere Lernergebnisse zeigen konnte. Sie suchen Herausforderungen, bleiben bei Fehlern motiviert und akzeptieren die Hilfe anderer. Die folgende Tabelle fasst die beiden Denkweisen und ihre Effekte auf das Lernen zusammen.

Denkweise	Bevorzugter Schweregrad für Aufgaben	Reaktion auf Fehler	Akzeptanz von Hilfe	Lernergebnisse
starr	Einfach	Motivationsverlust	Wird vermieden	Niedriger
flexibel	Schwer	Motivation bleibt bestehen	Wird gerne angenommen	Höher

Der Kernpunkt dieser Arbeit ist, dass Perfektionisten, die sich an schwere Aufgaben trauen, Fehler machen und Hilfe erbitten und dadurch bessere Lernergebnisse erzielen. Im Gegensatz dazu ist die Einstellung, perfekt sein zu wollen, aber keine Fehler zu machen und Fehler als Zeichen mangelnder Intelligenz zu verstehen, nicht nur falsch, sondern führt auch zu schlechteren Lernergebnissen.

Basierend auf dieser Auffassung lehrt man Kinder lieber, »sich zu bemühen, wenn es schwer ist«, als sie zu Aufgaben zu zwingen, die sie sich nicht zutrauen. Man kann nach den folgenden Schritten vorgehen (a) erstmal nur anschauen (b) dann ein bisschen probieren (c) nach Hilfe fragen, wenn nötig (d) nach einer kurzen Pause fragen (2–3 Minuten) und dann zurück zur Aufgabe kommen. Auf diese Art wird die Anstrengung mehr als das Ergebnis betont.

Verstärkung
Man verstärkt die Fähigkeit, »sich zu bemühen, wenn es schwer wird«. Punkte werden für Anstrengung gegeben nicht für das Ergebnis. Man kann den Schülern erklären, dass man nicht an einem falschen oder richtigen Ergebnis interessiert ist, sondern ob sie ihr Bemühen zeigen. Ihre Anstrengung zeigen Sie, wenn sie nach Hilfe fragen, erst die Aufgabe anschauen, gegebenenfalls nach einer Pause fragen und dann zurück zur Aufgabe kehren. Für diese Bemühungen werden dann Punkte verteilt. Die Punkte kann man sammeln und gegen eine Verstärkung eintauschen.

In Klassen ist es möglich, die Schüler zusammen Punkte sammeln zu lassen und gemeinsam zum Schulkiosk zu gehen, wenn genügend Punkte auf dem »sich bemühen, wenn es schwer wird«-Poster erreicht sind.

Biologische Interventionen
Es hat sich gezeigt, dass Bewegung, Meditation, ausgewogene Ernährung, Omega-3-Fettsäuren, guter Schlaf, Neurofeedback und bestimmte Medikamente Aufmerksamkeit und Lernen in der Schule steigen können.

Umgang mit Ängsten (mehr Details in Kapitel 4)

Auslöser verändern
Um mit Angstsituationen erfolgreich umgehen zu können, sollten diese in kleinere Komponenten aufgeteilt werden. Es wird

zunächst mit Situationen begonnen, die nur wenig Angst auslösen. Eine Angstleiter ist für den weiteren Verlauf der Therapie sinnvoll.

Fähigkeiten erlernen
1. Motivieren Sie das Kind dazu, sich seinen Ängsten zu stellen, indem Sie Stärken und Begabungen sowie einen optimistischen Blick in die Zukunft hervorheben.
2. Erklären Sie das menschliche Angstalarmsystem mit seinen falschen und richtigen Warnungen. Falscher Alarm ist die Angst vor Dingen, die in Wirklichkeit nicht gefährlich sind.
3. Helfen Sie dabei, wie ein Wissenschaftler zu denken und die Wahrhaftigkeit der Ängste zu beurteilen. Fokussieren Sie zwei Fragen: Wie wahrscheinlich ist es, dass etwas Schlimmes wirklich passiert? Und wie schlimm wäre es, wenn es wirklich passiert?
4. Lassen Sie die Kinder schrittweise immer stärkerer Angst auf ihrer Angstleiter begegnen.

Verstärkung
Jüngere Kinder und solche mit niedrigerem Sprachniveau sollten Verstärkung für das Durchstehen der Ängste auf den jeweiligen Angststufen erhalten. Für ältere Kinder und solche mit höherem Sprachniveau ist die intrinsische Verstärkung, nämlich die erfolgreiche Bewältigung ihrer Ängste, oft ausreichend.

Biologische Interventionen
Bewegung, Meditation und Entspannungstechniken helfen bei geringen Ängsten. Wenn nötig berücksichtigen Sie Neurofeedback und Medikation.

Warten, Nein akzeptieren und Umgang mit unerwarteten Veränderungen

Auslöser verändern

Die Ursache vieler Wutanfälle ist, dass Kinder denken, sie würden etwas nie bekommen. Beispiele für solche Auslöser sind der verweigerte Zugang zu speziellem Essen, Spielen oder Aktivitäten, eine unerwartete *Verspätung* eines ersehnten Ereignisses oder die Ankündigung, dass ein erwartetes Ereignis *nicht eintritt*. Warten kann bei kurzen Zeiträumen durch visuelle Timer erleichtert werden. Auch können visuelle Pläne helfen, auf erwünschte Aktivitäten zu warten. *TimeTimer* ist eine App, die Zeit als Kreis darstellt, der sich verkleinert. *Visual Scheduler* ist eine App, mit der man sehr leicht visuelle Pläne erstellen kann.

Wenn Kinder etwas nicht haben können, bereiten Sie sie rechtzeitig auf andere Dinge vor, die sie haben dürfen, wenn sie das Nein akzeptieren. Ein visueller Plan kann zeigen, welche anderen tollen Dinge man haben kann, wenn man ein gewünschtes Objekt nicht bekommt. Visuelle Pläne sind hilfreich bei unerwarteten Veränderungen: ein ausfallendes Ereignis lässt sich durchstreichen und man kann dafür etwas anderes Erwünschtes in den Plan eintragen.

Fähigkeiten erlernen

Warten: Zeigen Sie dem Kind, je länger es wartet, desto besser ist seine Verstärkung. Beispielsweise kann man einen Timer benutzen und das Kind erst zehn Sekunden für einen Keks warten lassen. Nachdem es gewartet hat und den Keks bekommen hat, soll es eine Minute für zwei Kekse warten, dann drei Minuten auf drei Kekse. Das Kind wird lernen, dass Warten nicht »nie« heißt und dass je länger man wartet, desto besser die Verstärkung ist.

Um dies auf neue Situationen zu übertragen, nehmen Sie den Timer und erinnern Sie das Kind kurz vorher an seine Verstärkung.

»Nein« akzeptieren: Zeigen Sie dem Kind, dass das Akzeptieren von »Nein« Zugang zu vielen anderen gewünschten Dingen schafft. Rastet das Kind hingegen aus oder verärgert andere, sinkt die Wahrscheinlichkeit dafür. Untenstehend finden Sie die einzelnen Schritte:

»Nein« als Antwort akzeptieren
Schritte
1. Es ist enttäuschend etwas nicht zu bekommen, aber denke über die möglichen Gründe für das »Nein« nach.
    a. Die andere Person ist beschäftigt und will nicht, was du willst.
    b. Die andere Person ist besorgt um dich.
2. Denke an die guten Dinge, die passieren können, wenn du »Nein« als Antwort akzeptierst. Du verlierst zwar jetzt etwas, aber gewinnst einen Freund durch das Akzeptieren des »Neins«.
    a. Die andere Person wird sich über dich freuen und dir vielleicht etwas anderes geben, was du haben möchtest.
3. Frag nach.
    a. »Was kann ich noch haben/machen?«
    b. Dann machst du die andere Sache, um dich von deiner Enttäuschung abzulenken.

Unerwartete Veränderungen: In Bezug auf diese sollte man lehren, dass sich nicht alles verändert hat und es immer noch vorhersehbare Dinge gibt, wenn man ruhig bleibt. Durch Comicstrip, Videomodelling, Rollenspiel und in vivo Üben lernen die Kinder flexibel zu sein, anstatt immer das Gleiche zu erwarten (Bernard-Opitz, 2014).

Verstärkungssystem
Warten: Nutzen Sie ein Verstärkungssystem, bei dem das Kind mehr Verstärkung erhält, je länger es wartet.

»Nein« akzeptieren: Erstellen Sie ein *Enttäuschungsposter*. Jedes Mal wenn das Kind seinen Wunsch nicht erfüllt bekommt und diese Tatsache ruhig aufnimmt, erhält es einen Punkt auf dem Poster. Die Punkte können später gegen Verstärker eingetauscht werden.

Biologische Interventionen
Alle Interventionen, die bei der Verbesserung der Selbstkontrolle und Angstreduktion helfen, können hier nützlich sein. Dazu gehören Bewegung, Meditation, ausgewogene Ernährung, Omega-3-Fettsäuren, guter Schlaf, Neurofeedback und verschiedene Medikamente.

Selbstwertgefühl: Fehler, Verlieren, Ärgern

Auslöser verändern
Kinder, die Schwierigkeiten haben, Fehler zu akzeptieren, kann man wählen lassen, ob sie eine Rückmeldung über ihre Leistung wollen. Lehrer und Eltern müssen nicht sagen, was das Kind falsch gemacht hat, sondern nur, was es noch lernen muss.

Kinder, die Schwierigkeiten beim Verlieren eines Spiels haben, kann man erst ein paar Mal gewinnen lassen, damit sie Selbstvertrauen gewinnen. Anschließend übt man den Umgang mit dem Verlieren oder einem Fehler. Am wichtigsten ist es jedoch, die Kinder vorzeitig darauf vorzubereiten, was es ihnen bringt, mit einem Fehler oder dem Verlieren eines Spiels umzugehen (z. B. sie gewinnen das unsichtbare Spiel der Selbstkontrolle, erhalten Respekt vor anderen, sammeln mehr Punkte in ihrem Verstärkersystem).

Für Kinder, die nicht damit umgehen können, und die daher von anderen geärgert werden, ist es entscheidend, sie davor zu schützen. Dies kann durch eine bessere Beobachtung durch Eltern und Lehrer erfolgen. Auch die Entwicklung eines Kumpel-Programms kann helfen. Bei diesem werden Mitschüler dazu ermutigt sich für andere zu erheben und dem Kind, das nervt, zu sagen, es solle aufhören. Alternativ können sie einen Erwachsenen holen, wenn sie Zeuge von Hänseleien werden.

Fähigkeiten erlernen
Zum Umgang mit Fehlern lesen Sie am besten die wichtige Arbeit von Carol Dweck (2006). Diese zeigt auf, warum Fehler machen wichtig ist. Ebenso wichtig ist es, sich für Aufgaben anzustrengen, die über den eigenen Fähigkeiten liegen, um daran zu wachsen. Vermitteln Sie den Kindern, dass Fehler kein Zeichen fehlender Intelligenz sind, sondern eine Möglichkeit darstellen, an Fehlern zu wachsen.

Um den Umgang mit dem Verlieren zu erlernen, sollten die Kinder die Bedeutung des unsichtbaren Spiels um Freundschaft und Selbstkontrolle verstehen. Wenn man verliert, ohne wütend zu werden, kann man einen Freund gewinnen und Respekt von anderen erhalten.

Für Kinder, die nicht mit Hänseleien umgehen können, ist es entscheidend zu lernen, anders über die Situation zu denken. Nämlich, dass nicht sie ein Problem haben, sondern derjenige, der andere ärgert. Jemand der ärgert hat soziale Schwierigkeiten, ist unreif oder es mangelt ihm an Empathie. Dies lässt das Kind, das hänselt, schlecht aussehen und nicht das Opfer. Ebenso ist es wichtig zu verstehen, dass Kinder manchmal nur einen Scherz machen und das Opfer eigentlich mögen. Also ist es wichtig, die Absicht des anderen herauszufinden, bevor man sich ärgert. Die folgenden Schritte haben sich dabei bewährt: Prüfe erst (frag: »Meinst du das Ernst?«), sag dann mit ruhiger Art, dass er oder sie aufhören soll, ignoriere es (gehe oder schaue weg) und berichte es einem Erwachsenen (wenn es nicht aufhört). Berichten ist nicht das gleiche wie Petzen. Petzen ist das Melden einer nicht schädlichen ungefährlichen Sache, zum Beispiel, dass ein Schüler seine Hausaufgaben nicht gemacht hat. Ärgern kann emotionalen und körperlichen Schaden anrichten und sollte daher berichtet werden.

Verstärkungssystem

Verstärken Sie den Umgang mit Mangelhaftigkeit (Fehler oder Verlieren eines Spiels) mehr als Gewinnen oder eine Arbeit richtig zu erledigen. Man kann ein Verhaltensdiagramm nutzen bei dem Schüler mehr Punkte für den Umgang mit dem Verlieren als für das Gewinnen eines Spiels erhalten. Analog gibt es mehr Punkte für die Berichtigung von Fehlern als für das Lösen einer Aufgabe beim ersten Versuch. Auf ähnliche Art und Weise lässt sich auch ein Verstärkungsprogramm für den Umgang mit Hänseleien etablieren.

Biologische Intervention

Alle Interventionen, die bei der Verbesserung der Selbstkontrolle und Angstreduktion helfen, können hier nützlich sein. Dazu gehören Bewegung, Meditation, ausgewogene Ernährung, Omega-3-Fettsäuren, guter Schlaf, Neurofeedback und verschiedene Medikamente.

Unerfülltes Bedürfnis nach Aufmerksamkeit

Auslöser verändern
Manche Kinder brauchen so viel Aufmerksamkeit, dass sie Eltern und Lehrer ständig unterbrechen. Für diesen Fall empfiehlt sich ein Plan, der dem Kind zeigt, wann es ungeteilte Aufmerksamkeit erhält. In ähnlicher Weise kann man Kindern, die eifersüchtig auf Geschwister sind, zeigen, wann sie Eins-zu-Eins-Zeit mit Mutter oder Vater haben. Außerdem kann man Timer und rote bzw. grüne Karten als visuelle Hilfe nutzen, um dem Kind zu zeigen, wann es unterbrechen darf und Aufmerksamkeit suchen kann.

Kinder, die andere Kinder durch unangebrachte Verhaltensweisen zum Lachen bringen wollen und dadurch Aufmerksamkeit bekommen, erlernen eine alternative Möglichkeit, die Kinder zum Lachen zu bringen. In der Schule ist es manchmal hilfreich, Kindern eine bestimmte Zeit, z. B. nach einer Aufgabe, zur Verfügung zu stellen, in der sie Witze oder Geschichten erzählen dürfen. Für Kinder, die ein Publikum benötigen, eignet sich Theater, bei dem die Kinder oft besser die Kontrolle behalten können als abseits der Bühne.

Unterrichten Sie »Positive Wege, um Aufmerksamkeit zu bekommen«
Kinder, die Erwachsene unterbrechen oder aggressiv werden, um Aufmerksamkeit zu erhalten, können lernen, auf eine Gesprächspause zu warten, um dann verbal nach Aufmerksamkeit zu fragen. Alternativ kann eine »Hilf mir«-Karte genutzt werden anstatt die Erwachsenen zu unterbrechen oder an ihnen zu zerren. Die folgende Anleitung verdeutlicht dies:

> Wie und warum unterbrechen
> 1. Entscheide, ob du wirklich unterbrechen musst:
>   a. Brauchst du Hilfe?
>   b. Möchtest du etwas haben?
>   c. Musst du nach einer Erlaubnis fragen?
>   d. Möchtest du am Gespräch teilhaben?
> 2. Geh zu der Person.
> 3. WARTE, bis sie dich anguckt, oder WARTE, bis eine Gesprächspause entsteht. Sag »Entschuldigung« oder »Ich muss kurz unterbrechen.«

Kinder, die Aufmerksamkeit auf unangemessene Weise einfordern, sollten angemessene Wege lernen, Aufmerksamkeit einzufordern. Als erstes sollte die Denkweise der Kinder verändert werden und deren Ziel festgestellt werden: beliebt sein oder Aufmerksamkeit erhalten. Kinder, die auf unangemessene Weise Aufmerksamkeit einfordern, werden dafür Aufmerksamkeit erhalten und vielleicht werden es auch ein paar andere Kinder lustig finden, aber die meisten werden genervt sein und irgendwann den Respekt verlieren. Fordern die Kinder stattdessen Aufmerksamkeit auf eine angemessene Weise ein, werden sie Aufmerksamkeit erhalten und beliebt sein (siehe unten »okay/nicht okay«-Karte für positive vs. negative Wege, Aufmerksamkeit einzufordern). Um Aufmerksamkeit auf positivem Wege einzufordern, ist es wichtig, sein Publikum zu kennen. Man sollte wissen, was es interessiert und toleriert. Beispielsweise kann ein schmutziger Witz Mitschülern, aber nicht Lehrern erzählt werden.

Sich beliebt machen

Okay	Nicht okay
Mache Komplimente. »Du bist clever.« »Du bist gut darin.«	Personen oder ihren Besitz anfassen.
Sprich mit anderen: 1. Grüßen: sag »Hallo, wie geht's?« 2. Frag, was die anderen machen: »Was spielt ihr?«, »Woran arbeitet ihr?«	Über sensible Themen sprechen: z. B. Sex, Gewalt, Rasse, Religion und Politik Romantische Dinge zu einem Freund sagen: »Liebst du mich?« »Ich liebe dich« »Ich werde dich heiraten.« »Möchtest du mich küssen?«
Frag andere, ob du mitspielen kannst: »Kann ich mit euch spielen?«	Ins Spiel einmischen ohne zu fragen.

Manche Kinder denken, alle Witze seien lustig. Sie sollten nicht nur ihr Publikum kennen, sondern auch die wichtigsten Regeln für Comedy. Eine Regel ist, dass es weder lustig noch cool ist, sich über schwächere Menschen oder Gruppen lustig zu machen. Das nennt man nämlich Mobbing. Stattdessen sollte man solch ein Denken durch Slapstick, komische Zufallseinfälle oder Selbstironie ersetzen, um Lacher zu ernten, ohne Andere zu verletzten.

Verstärkersystem/Verstärkerentzugssystem
Wenn Aufmerksamkeit auf positive Art eingefordert wird, kann Verstärkung eingesetzt werden. Manchmal ist es hilfreich, ein Response-Cost-System für negative Arten von Aufmerksamkeit zu nutzen. Das bedeutet, dass das Kind eine Reihe Verstärker erhält (z. B. vier kleine Knabbereien), aber ein Verstärker weggenommen wird, wenn das Kind auf unangebrachte Art und

Weise Aufmerksamkeit einfordert. Ist ein Kind bereits außer Kontrolle geraten, sollte man allerdings einen Verstärkerentzug vermeiden. Für positiv gestimmte Kinder ist diese Methode einen Versuch wert, da hier nicht ein bereits frustriertes Kind zusätzlich frustriert wird.

Sensorische Bedürfnisse: Selbststimulation

Auslöser verändern

Für Kinder, die von Überstimulation überfordert sind, ist es wichtig, einen ruhigen Ort zum Runterkommen zu haben. Für den Fall, dass die Umgebung zu laut wird, kann dies auf Reisen oder Ausflügen das Auto oder ein anderer vorher bestimmter Ort sein. Manche Kinder können sich durch wiederholten sensorischen Input beruhigen, z. B. durch:

- Langsames Schaukeln im Schaukelstuhl
- Druckmassage oder Kompression (z. B. ein großes Kissen vom Hals abwärts auf den Körper drücken, um ein Gefühl des Eingewickelt-Seins zu erzeugen)
- Sich gemütlich in einer Decke oder Handtuch einwickeln
- Eine ruhige, gemütliche Zone mit Kissen und Decken
- Den Mund entspannen durch Lutschen von Bonbons oder Kauen auf Kaugummis oder Strohhalmen
- Schaumball oder anderes weiches Spielzeug drücken
- Langsame, rhythmische Musik hören
- Langsame, visuelle Muster anschauen, z. B. Lavalampe oder Ipad

Kinder, denen beim Ruhigsitzen schnell langweilig wird, sollte die Wartezeit verkürzt werden. Sie können in eine spaßige Aktivität eingebunden werden und/oder eine sensorische Pause ein-

legen und dabei aufstehen. Zu den Aktivitäten könnten die folgenden Dinge gehören:
- Laufen
- Rennen
- Auf einem Trampolin springen
- Schnelles Kippeln oder Schaukeln
- Hüpfen auf einem Therapieball
- Kleine Aufgaben wie Bücher oder Möbel stapeln
- Bewegungen mit Druck wie Wand-Pushups oder Hände zusammendrücken
- Hören von oder Tanzen zu schneller Musik

Manchmal stört Selbststimulation bei Aktivitäten wie Klassenaufgaben und es kann hilfreich sein, bestimmte Zeiten für die Selbststimulation einzuplanen anstatt das Verhalten nicht zuzulassen. Wir versuchen hierbei nicht, die Selbststimulationen auszumerzen, sondern planen, wann und wo diese angemessen sind.

Fähigkeiten erlernen
Ist das selbststimulierende Verhalten selbstverletzend (z. B. sich selbst schlagen oder kratzen) oder hat eine negative Reaktion Gleichaltriger zur Folge, kann es sinnvoll sein, ein alternatives Verhalten zur Beruhigung zu erlernen (z. B. eine der oben genannten Aktivitäten). Bei Kindern mit hohem Funktionsniveau kann man versuchen, sie zu motivieren, das Verhaltensproblem durch ein angemesseneres Alternativverhalten, das keinem schadet und keine negativen Reaktionen zur Folge hat, zu ersetzen (siehe Schritte unten). Kinder auf niedrigerem Funktionsniveau werden von ihrer schädlichen Selbststimulation umgeleitet und für angemessenere Arten der Selbststimulation verstärkt.

> **Umgang mit peinlichen oder schädlichen Selbststimulationen**
> Sie können das Verhalten durch eine andere Bewegung ersetzen oder es anderen erklären:
> 1. Vielleicht ist es möglich, das Verhalten zu unterlassen, wenn man sich diesem bewusst ist.
>   a. Vielleicht wird nur jemand gebraucht, der einem sagt, wenn das Verhalten eintritt, um sich diesem bewusst zu werden und es zu kontrollieren.
> 2. Vielleicht ist es möglich, das Verhalten durch eine andere Bewegung zu ersetzen, die andere Menschen weniger störend finden und die weniger auffällig ist.
>   a. Leises Hantieren mit einer Büroklammer kann Flattern mit den Händen, Klatschen oder Kratzen der Haut ersetzen.
>   b. Sie müssen versuchen, eine ähnliche, aber weniger merkliche Stimulation zu erreichen (z. B. könnte ein Stück Stoff zum Befühlen unter dem Tisch besser sein als das Herumfuchteln mit geräuschvollen Gegenständen auf dem Schreibtisch).
> 3. Wenn es ist nicht möglich ist, das Verhalten zu verändern, kann man es Umstehenden erklären. Haben andere Menschen eine Erklärung für ein Verhalten, ist es unwahrscheinlicher, dass sie es komisch finden.
>   a. z. B. Ein Schüler, der erklärt, dass er ruhelos wird und nun im Kreis rennen mag, um Energie loszuwerden.

Verstärkungssysteme und/oder Verstärkerentzugssysteme

Sofern angemessenere Selbststimulation gefunden wird, wird diese verstärkt. Da Selbststimulation oft Vergnügen bereitet und nicht immer dem Frustabbau dient, kann es aber auch sinnvoll sein, eine Response-Cost-Konsequenz anzuwenden. Verstärkung wird dabei Stück für Stück für unerwünschte Selbststimulation weggenommen. Dies kann beispielsweise bei einem Kind erfolgen, das bereits darüber unterrichtet wurde, wo und wann es masturbieren darf, dieses aber weiterhin in der Öffentlichkeit tut. Bei diesem Kind werden Verstärker für das Masturbieren in der Öffentlichkeit weggenommen, während es gleichzeitig daran erinnert wird, wo und wann sein Verhalten akzeptabel ist.

Biologische Intervention
Alle Interventionen, die bei der Verbesserung der Selbstkontrolle und Angstreduktion helfen, können hier nützlich sein. Dazu gehören Bewegung, Meditation, ausgewogene Ernährung, Omega-3-Fettsäuren, guter Schlaf, Neurofeedback und verschiedene Medikamente. Ebenso können Ergotherapeuten einige der obenstehenden sensorischen Aktivitäten zur Beruhigung anbieten.

Unerwartete Auslöser: Sich selbst beruhigen

Auf unerwartete Auslöser vorbereiten
Zusätzlich zur Veränderung der Auslöser kann man auf unerwartete Auslöser vorbereiten, in- dem man Beruhigungsstrategien für unerwartete Probleme übt. Erarbeiten Sie zusammen eine Entspannungsmappe. Diese enthält Möglichkeiten, sich zu beruhigen, in Worten und Bildern und benennt *Sicherheitsanker* d. h. (siehe unten). Sicherheitsanker sind Menschen in der Schule oder zu Hause, bei denen das Kind weiß, dass es nicht bestraft wird, sondern Hilfe für Problemlösungen erhält.

> **Entspannungsmappe**
> Wenn ich mich aufrege, kann ich meine Lieblingszeitschriften angucken, Musik hören oder meine Meditationsapp starten, um mich zu beruhigen. Außerdem kann ich mit Frau Johnson, meiner Berufsberatungslehrerin, oder zu Hause mit meiner Mutter sprechen.

Fähigkeiten erlernen

Die Hoffnung für die Lösung eines Problems nicht zu verlieren, ist der Schlüssel, um Selbstkontrolle aufrechtzuerhalten. Mit sprechenden Schülern, die regelmäßig verärgert sind, kann man den Satz »Alle Probleme können durch *Warten* und die *richtige Person* gelöst werden« einüben. Außerdem kann man immer wieder besprechen, wer die Sicherheitsanker sind, die man beim Auftauchen eines Problems sucht. Zusätzlich kann man fragen, ob sie ihrem Sicherheitsanker vertrauen. Es ist auch wichtig, daran zu erinnern, dass diese Menschen nicht unbedingt sofort da sind und man eventuell zehn Minuten, eine Stunde oder bei Teenagern und jungen Erwachsenen 24 Stunden warten muss. Diese Regel heißt 24-Stunden-Regel: Wenn man dem Sicherheitsanker 24 Stunden gibt, kann er die meisten Probleme lösen oder die Situation verbessern.

Verstärkungssystem

Die natürliche Verstärkung ist, dass das Problem durch Ruhigbleiben gelöst wird. Man kann darüber hinaus auch Punkte vergeben, um das Anwenden von Beruhigungsstrategien zu verstärken.

Biologische Interventionen

Alle Interventionen, die bei der Verbesserung der Selbstkontrolle und der Verminderung von Angst helfen, können hier nützlich sein. Dazu gehören Bewegung, Meditation, ausgewogene Ernährung, Omega-3-Fettsäuren, guter Schlaf, Neurofeedback und verschiedene Medikamente.

4 Ängste und Panik überwinden: Behandlung von Angststörungen

Zahlreiche Arbeiten verdeutlichen die Schlüsselkomponenten der Behandlung von Angststörungen, Gemeinsam ist allen Strategien die Methode der »schrittweisen Annäherung« von *Ängsten*. Eine Studie nach der Anderen hat gezeigt: bringt man Menschen mit Ängsten dazu, schrittweise ihrer Angst zu begegnen, verringern sich ihre Ängste und sie werden nicht mehr durch diese kontrolliert (z. B. Barlow, 2004). Nur wie bringt man jemanden mit überwältigenden Ängsten dazu? Die Kunst der Behandlung ist es herauszufinden, was man tun muss, oder besser gesagt, wie man jemanden überzeugen kann, seinen gefürchtetsten Ängsten schrittweise zu begegnen. Das Buch *Overcoming Anxiety in Children and Teens* (Baker, 2015) verdeutlicht einige

Schritte, um Kindern und Jugendlichen zu helfen, sich ihren Ängsten schrittweise zu stellen. Zu diesen Schritten gehören:
1. Klienten motivieren, damit diese an ihren Ängsten arbeiten wollen.
2. Informieren wie Ängste wirken.
3. Entwickeln einer Angstleiter, um die Begegnung mit der Angst in einzeln verstärkbare Schritte einzuteilen.
4. Sorgen bezüglich des Beginns der Angstbegegnungen mit kognitiver Therapie bekämpfen.
5. Biologische und körperliche Interventionen zur Angstreduktion in Erwägung ziehen, um mit den Angstbegegnungen beginnen zu können.

Abb. 4.1

Schritt 1: Klienten motivieren, damit diese an ihren Ängsten arbeiten wollen

Eine Therapie kann bedrohlich sein, besonders wenn man von anderen gezwungen wird, diese zu machen. Es schwebt unterschwellig mit, dass an einem etwas *falsch* ist, das verändert werden muss. Es ist gut, an die Stärken eines Kindes zu erinnern, um ihm so zu helfen, seinen Selbstwert zu erkennen und optimistisch in die Zukunft zu schauen. Aus dieser stärkenorientierten Sicht kann man über Herausforderungen sprechen (wie Angstsymptome). Man kann erklären, dass jeder ein Profil aus Stärken und Herausforderungen hat. Machen Sie eine Liste mit mindesten sieben Stärken und drei oder weniger Herausforderungen. Zu den Stärken gehören alles spezielle Wissen, Merkmale und Eigenschaften der Kinder. Eine Stärke der meisten Individuen mit Ängsten ist ein gutes Verständnis für den Schmerz Anderer. Diese Gabe erlaubt es ihnen, tolle Freunde, Partner oder Kollegen zu sein (siehe Beispielprofil für Joe).

Joes Profil

Stärken	Herausforderungen
Gutes Gedächtnis	Sensibles Alarmsystem führt zur Angst:
Großes Wissen über Geschichte	Fehler machen, (2) vor der Klasse sprechen und (3) neue Leute treffen.
Gutes Faktenwissen über Tiere	
Gut in Mathe und Naturwissenschaften	

Joes Profil – Fortsetzung

Stärken	Herausforderungen
Empathisch – sich um andere kümmern und andere verstehen	
Guter Klavierspieler	
Guter Computerspieler	
Exzellenter Schwimmer	
Gesamt 8	**Gesamt 3**

Stärken sind Fähigkeiten, die zu erfolgreichen Karrieren und Beziehungen führen. Joes Stärken (siehe oben) könnten dazu führen, erfolgreich in der Schule zu sein und vielleicht eine Karriere in Bildungsbereich, Naturwissenschaften oder der Arbeit mit Tieren anzustreben. Seine fürsorgliche Art und Interesse an anderen sorgen dafür, dass er ein guter Freund für andere ist.

Herausforderungen sind Eigenschaften, die das Erreichen der Ziele behindern können. Wenn Joe nicht aufpasst, könnten seine Ängste sein akademisches Streben und das Finden von Freunden beeinflussen. Man muss die Herausforderungen nicht komplett meistern, man muss nur »gut genug« werden, damit sie einem nicht mehr im Weg stehen. Es ist einfacher, das Arbeiten an Angstsymptomen zu akzeptieren, wenn sie nicht mehr unser eigentliches Wesen bedrohen. Ängste werden dadurch ein kleinerer, aufgeteilter Teil von uns, den wir nur ein bisschen verändern müssen, damit sie nicht den Rest von uns behindern.

Schritt 2: Über Ängste und falschen Alarm lernen

Jeder Mensch hat ein Alarmsystem, um wahrgenommene Gefahren zu überleben. Registriert das Alarmsystem eine bedeutsame Bedrohung, wird automatisch eine intensive emotionale Reaktion, ausgelöst, so als ob unser Leben davon abhängt. Die Reaktion ist entweder kämpfen, fliehen oder erstarren. Daniel Goleman (1995) beschreibt diesen Moment in seinem Buch *Emotional Intelligence* als einen Zustand, in dem man von seinen Emotionen überfallen wird. Es ist, als ob das Emotionszentrum die Führung im gesamten Gehirn übernommen hätte und man keinen Zugang mehr zum logischen Denken hat. Dies wird als die Übernahme des »Krokodil-« oder »Reptilien-«Gehirns beschrieben. Das menschliche Gehirn hat beides: Überbleibsel eines alten Reptiliengehirns (besonders das Limbische System), das die »Kampf-oder-Flucht-Reaktion« auslöst und den neueren menschlichen Teil des Gehirns, den Neokortex, der für Planen und logisches Schlussfolgern zuständig ist. Werden wir bedroht, verursacht unser Reptiliengehirn die Reaktion zu flüchten, zu kämpfen oder zu erstarren ohne Einmischung des zerebralen Kortex' (d. h. ohne unsere Fähigkeit zu begründen oder nachzudenken, was wir tun). Diese schnelle Reaktion hat Überlebenscharakter. In einer wirklich gefährlichen Situation hat man keine Zeit über Reaktionen nachzudenken. Stattdessen entfernen wir uns schnell von der Gefahr, verstecken uns oder schlagen zurück. Wenn man zum Beispiel die Straße herunterläuft und ein Auto plötzlich auf den Bürgersteig in unsere Richtung abdreht, gibt es keine Zeit zum Nachdenken. Man muss schnell an einen sichereren Ort kommen. Das ist ein *echter Alarm*. In einer Welt in der wahrgenommene Bedrohungen nicht immer lebensbedrohlich sind, kann die Kampf-Flucht-Erstarren-Reaktion zu *falschem Alarm* führen, was eine emotionale Reaktion zur Folge hat, obwohl keine tatsächliche Gefahr präsent ist. Man kann seinen Klienten über das Alarmsystem unterrichten und erklären, dass jeder sich absichern will und es *echten* und *falschen Alarm* gibt. Einige Menschen erben ein sehr sensibles Alarmsystem, das viele *falsche* Alarme auslöst. In unseren Sitzungen sprechen wir oft über andere Familienmitglieder, die auch ein sensibles Alarmsystem hatten. Der Klient muss verstehen, dass, auch wenn die Alarmreaktionen echte körperliche Reaktionen und nicht ausgedacht sind, die Gefahr nicht echt ist und einen *falschen Alarm* darstellt.

Schritt 3: Ängste identifizieren: Eine Angsthierarchie erstellen

Die Identifikation der genauen Ängste ist entscheidend, da eine Behandlung den Klienten schrittweise genau den gefürchteten Dingen aussetzt. Manchmal ist das, was gefürchtet wird, nicht nur die ursprüngliche Angst, sondern eine sekundäre Angst. Ein Kind mit Zwangsstörungen kann beispielsweise Angst haben, durch einen Keim auf einer Türklinke krank zu werden, was dazu führt, dass es die Hände wäscht. Die ursprüngliche Angst ist der Schmutz, aber die sekundäre Angst ist alles, was es davon abhalten könnte, sich die Hände zu waschen. Daher muss es in seiner Behandlung nicht nur Türklinken anfassen, sondern auch eine längere Zeit tolerieren, in der es sich nicht die Hände wäscht.

Das *Diagnostische und Statistische Manual Psychischer Störungen* (DSM-5®, engl. Diagnostic and Statistical Manual of Mental Disorders, American Psychiatric Association, 2013) beschreibt die Symptome verschiedener Angststörungen, die durch das angsteinflößende Objekt oder durch die Art und Weise, wie Menschen Angstsituationen vermeiden, kategorisiert werden. Im Folgenden finden Sie eine Liste gängiger Angststörungen:

1. Einfache Phobien: Die Angst ist genau umschrieben und die Person kann eine bestimmte Sache (z. B. Hunde, Bienen oder Schwimmen) identifizieren, die die Angst auslöst.
2. Soziale Phobien: Menschen haben Angst in der Öffentlichkeit zu interagieren und durch ihre Handlungen erniedrigt oder bloßgestellt zu werden. Sie vermeiden das Sprechen in der Öffentlichkeit, öffentliche Toiletten, Essen mit anderen oder generell die soziale Kontaktaufnahme mit anderen Menschen.
3. Selektiver Mutismus: Dies ist die Angst, mit anderen zu sprechen, obwohl die betroffenen Menschen die Fähigkeit zu sprechen haben. Die Kinder weigern sich zum Beispiel mit Lehrern oder Gleichaltrigen zu sprechen, auch wenn sie gegenüber Eltern und Geschwistern relativ offen sind.
4. Trennungsangst: Die Angst, alleine oder weg von einem vertrauten Elternteil/Erziehungsberechtigten zu sein, ist hierbei das Schlüsselproblem. Dies kann zu einer Schulphobie führen, wobei es auch Kinder gibt, die eine Schulphobie ohne Trennungsangst haben. In diesen Fällen kann das Kind sich von den Eltern trennen, aber vermeidet die Schule aufgrund von Stressfaktoren im schulischen Umfeld wie Hänseleien oder zu hohen schulische Anforderungen.
5. Panikstörungen: Die Angst geht mit einer Panikattacke einher, was ein plötzlicher Anstieg intensiver Angst oder Unbehagen ist, die einer übertriebenen Alarmreaktion ähnelt. Hierzu gehören Symptome wie Herzklopfen, Schwitzen, Zittern, Kurzatmigkeit, Erstickungsgefühle, Brustschmerz oder Unbehagen, Übelkeit, Bauchbeschwerden, Gefühl des Schwindels oder der Benommenheit, Schüttelfrost oder Hitzewallungen,

Taubheit oder Kribbelgefühle, Gefühl von sich selbst und der Realität getrennt zu sein, Angst, die Kontrolle zu verlieren, verrückt zu werden oder zu sterben. Eine Panikattacke selbst ist keine Störung, wird aber zur Angststörung, wenn sie von mindestens einem Monat Angst vor einer weiteren Attacke gefolgt wird oder die Person beginnt, Situationen zu vermeiden, weil sie Angst vor einer neuen Attacke hat.

6. Generalisierte Angststörung: Dies sind andauernde Sorgen (mindestens sechs Monate) um zahlreiche Ereignisse oder Aktivitäten wie Schule oder Arbeit.
7. Andere ähnliche Störungen sind somatoforme Störungen und Hypochondrie. Bei diesen Störungen kann es ein körperliches Symptom geben, über das sich der Betroffene exzessive Sorgen macht.
8. Bei Zwangsstörungen haben Betroffene entweder Zwangsgedanken, Zwangshandlungen oder beides. Zwangsgedanken sind immer wiederkehrende, sich aufdringende und ungewollte und beängstigende Gedanken, Bedürfnisse oder Vorstellungen, die Angst auslösen. Sie versuchen, diese zu ignorieren oder mit Zwangshandlungen zu neutralisieren. Zwänge sind dabei unangemessene wiederholende Handlungen, die das Ziel haben die Angst oder das Unbehagen, das durch Zwangsvorstellungen entstanden ist, zu reduzieren. Ein typisches Beispiel ist zwanghaftes Händewaschen aufgrund der Angst vor Keimen. Hierbei werden oft Türen, Schlösser und Haushaltsgeräte überprüft aus der Angst heraus, dass etwas auf- oder an-gelassen wurde und sich daraus eine Gefahr entwickelt. Eine andere Art Zwänge sind aggressive Zwangsgedanken. Hierbei haben Betroffene Gedanken und Bedürfnisse, andere zu verletzen, ihnen Schaden zuzufügen oder sexuell verwerfliche Dinge zu tun. Statt die Gedanken auszuführen, sind sie eher verängstigt durch ihre eigenen Vorstellungen.

Solche aggressiven Zwangsgedanken können von zwanghaft ausgeführtem Beten, Zählen oder anderen abergläubischen Verhaltensweisen begleitet werden.

Erstellen einer Angstleiter

Für alle Arten von Ängsten erstellt man eine Liste mit Situationen, die von von wenig zu extrem angsteinflößend reichen. So kann das Kind seinen Ängsten schrittweise begegnen. Rapee et al. (2008) nennen diese Listen »Angstleitern«. Jede Sprosse der Leiter bedeutet einen weiteren Schritt in die Richtung, seine Ängste zu überwinden. Beispielsweise könnten für Kinder, die Angst haben, sich mit einem anderen Kind zu verabreden, die einzelnen Schritte so aussehen: Zuerst soll man nur »Hallo« beim Mittagessen sagen. Ein anderes Mal muss man herausfinden, welches Computerspiel beide mögen, um dann nach der Telefonnummer zu fragen, falls sie über die Computerspiele sprechen wollen. Danach kann man fragen, ob sie mal zusammen Computer spielen wollen. Am Schluss steht dann das Treffen.

Verstärkung der Konfrontation mit der Angst

Es gibt zwei Arten von Verstärkung für die Konfrontation mit der Angst: intrinsische und extrinsische Verstärkung. Intrinsische Verstärkung ist die Verstärkung, die natürlicherweise auftritt wenn man seinen Ängsten begegnet. Hierbei ist man stolz auf seine eigenen Fähigkeiten, die Angst überwunden zu haben. Man kann dem ängstlichen Klienten helfen, das Ausbrechen aus gelernten Mustern als etwas Lohnendes zu anzusehen, da sie sich nicht mehr von ihrer Angst kontrollieren lassen müssen.

Extrinsische Verstärkung ist eine künstliche Verstärkung nach der Konfrontation mit der Angst. Computerspiele oder etwas Tolles kaufen kann als externe Verstärkung für die Bewältigung eines Angstschritts eingesetzt werden. Für jüngere Kinder und Kinder auf einem niedrigeren Funktionsniveau, die den intrinsischen Lohn der Angstbewältigung nicht verstehen, sind extrinsische Verstärker zur Motivation hilfreich. In der folgenden Tabelle ist das Beispiel einer Angstleiter und Verstärker für ein junges Mädchen mit selektivem Mutismus dargestellt. Das Mädchen hat Punkte als Verstärkung für herausfordernde Kommunikationssituationen mit anderen gesammelt.

Angstleiter und Punktesystem (für Kind mit selektivem Mutismus)

Situation	Punkte
Nicken »Ja« oder »Nein«	1
Dem besten Freund etwas flüstern, der es dann den anderen weitersagt	2
Lehrern oder Mitschülern etwas flüstern	3
Mit lauterer Stimme zu Lehrern oder Mitschülern sprechen	4
Mit Besuchern der Klasse sprechen	5

1. Drei Punkte können gegen eine Süßigkeit in der Schule eingetauscht werden.
2. Alle Punkte werden täglich zu Hause addiert und für eine längerfristige Verstärkung wie etwas Tolles kaufen oder ein besonderes Privileg gesammelt (z. B. für 15 Punkte ein neues Kuscheltier).

Schritt 4: Sorgen mit Kognitiver Therapie bekämpfen

> *Ellie zum Beispiel war eine ziemlich typische Neunjährige, die Angst vor stechenden Insekten – insbesondere Bienen und Wespen – hatte. Sie war fröhlich, kontaktfreudig und konnte Freundschaften schließen.*

Trotzdem wurde im Rahmen der Kognitiven Therapie (KT) zur Angstbehandlung mit logischen und wissenschaftlichen Argumenten die Richtigkeit der besorgniserregenden Gedanken in Frage gestellt. In der Literatur zu KT wird eine Vielzahl von Strategien dargestellt: Identifizierung automatischer Angstgedanken, Fehleranalyse (oder kognitive Verzerrung) der Angstgedanken und Entwicklung angemessenerer Gedanken. Man kann Klienten bitten, ihre Angstgedanken ebenso wie die alternativen Gedanken, die in der Therapie erarbeitet wurden, zu protokollieren. In der Praxis kann dies Kinder aber auch belasten. Die Identifikation von Verzerrungen in Angstgedanken ist dann mehr eine theoretische als eine therapeutische Aufgabe.

Um dies für Kinder einfacher zu machen, haben Rapee et al. (2008) die Vielzahl kognitiver Verzerrungen auf zwei der am häufigsten bei Kindern vorkommenden reduziert: Überschätzung der Wahrscheinlichkeit, dass negative Ereignisse tatsächlich eintreten, und Überbewertung der Konsequenzen von negativen Ereignissen. Beides kann auch kombiniert auftreten. Ich bevorzuge es, dass Kinder ihre Angstgedanken und alternativen Gedanken nicht protokollieren müssen, sondern fasse für sie schriftlich zusammen, »wie ein Wissenschaftler denkt«. Das Wesentliche der KT ist, sich wie ein Wissenschaftler zu verhalten und Beweise zu sammeln, um die aktuelle Wahrscheinlichkeit und/oder Konsequenzen des erwarteten negativen Ereignisses zu bestimmen.

4 Ängste und Panik überwinden: Behandlung von Angststörungen

> *Ellie war im Sommer oft draußen beim Spielen nicht dabei, da sie Angst hatte, gestochen zu werden. Sie wurde noch nie gestochen, hatte aber bereits andere gesehen, die gestochen wurden. Sie glaubte auch, dass dies sehr gefährlich war. Sie hatte von allergischen Menschen gehört, die einen anaphylaktischen Schock erlitten hatten und sogar von einem Stich starben! Ihre Eltern hatten sie bereits bei einem Allergologen untersuchen lassen und dieser hatte bestätigt, dass Ellie nicht allergisch auf Insektenstiche war.*

Um ihre Sorgen zu bekämpfen und mit den Angstbegegnungen draußen im Sommer beginnen zu können, erstellten wir die folgende »Denken wie ein Wissenschaftler Zusammenfassung«:

»Denken wie ein Wissenschaftler« für ein Mädchen mit einer einfachen Phobie

Angstsituation	Angstgedanken	Sachliches Ergebnis
Von einer Biene oder Wespe gestochen werden	Im Sommer draußen sein macht es wahrscheinlich gestochen zu werden	Bienen und Wespen sind fernab von ihren Nestern nicht aggressiv. Es ist unwahrscheinlich, dass sie stechen, außer man tötet sie, schlägt nach ihnen oder tritt darauf. Wenn ich Nester vermeide, auf der Wiese Schuhe trage und sie nicht töte, ist es unwahrscheinlich, dass ich gestochen werde. Ich kann Essen verdecken und von Mülltonnen fern bleiben, an denen die Insekten sich ansammeln.
	Gestochen werden schmerzt sehr und ich könnte sogar sterben.	Es ist bei mir nicht möglich, dass ich sterbe, da ich nicht allergisch bin. Ich kann den Schmerz und die Giftmenge verringern, indem ich den Stachel sofort herausziehe und die Schwellung mit Eis kühle. Ich habe schon mal Spritzen bekommen und Stiche sind eigentlich weniger schmerzhaft.

> *Durch das Recherchieren der wissenschaftlichen Beweislage zur Gefahr von Bienen- und Wespenstichen konnte sie schrittweise mit den Ängsten ihrer Angstleiter konfrontiert werden und so immer längere Zeit draußen mit ihren Freunden verbringen.*

Schritt 5: Biologische und körperliche Interventionen zur Angstreduktion

Sport und andere körperliche Aktivitäten sind sehr gute Strategien, um Angst und Depression zu reduzieren. Madhukar H. Trivedi, ein Professor der Psychiatrie an der Universität Texas Southwestern Medical Center Dallas, hat in vielen Studien die positiven Effekte von Sport auf die Stimmung gezeigt. Diese zeigen sich sowohl kurzfristig (Stunden nach dem Sport) als auch im Aufrechterhalten der guten Stimmung über längere Perioden bei Menschen, die regelmäßig Sport treiben. Mehrere Studien zeigen, dass Sport mindestens so effektiv ist wie Antidepressiva (Blumenthal et al., 1999). Es scheint, dass aerobes Training den größten Effekt hat, gefolgt von Krafttraining. Weitere Studien haben gezeigt, dass Yoga die Stimmung verbessert. Deshalb empfehlen Experten Menschen mit Ängsten ein regelmäßiges Sportprogramm, besonders mit aeroben Sportarten wie Joggen, Walken, Schwimmen, Fahrradfahren.

Trotzdem gibt es auch Zeiten, in denen körperliche Aktivität nicht möglich ist, etwa wenn man während einer Reise eingeengt ist oder nachts ins Bett geht. Hierfür werden Möglichkeiten der Selbstberuhigung gebraucht. Meditation und Achtsamkeits-basierte Stressreduktion können Ruhe unabhängig von Bewegung in Körper und Geist bringen. Bei diesen Praktiken lernt man, seine Aufmerksamkeit zu fokussieren: auf den aktuellen Moment, auf die Wahrnehmung mit den fünf Sinnen (Geschmack, Geruch, Hören, Fühlen oder Sehen) oder auf innere Empfindungen wie Atmung oder das Bewusstsein für einen bestimmten Gedanken oder eine bestimmte Angstempfindung. Konzentriert man sich auf den aktuellen Moment, kann man sich nicht länger auf gefürchtete Zukunftsereignisse oder das Bedauern eines Ereignisses in der Vergangenheit fokussieren. Zeiten, in denen man sich auf den aktuellen Moment konzentriert, stehen in Zusammenhang mit Wohlbefinden und verringerter Angst. Es ist, als würde die Aktivität des Vorderhirns (mit seiner Fähigkeit Erfahrungen zu beobachten) die Fähigkeit des Limbischen Systems, den Rest des Gehirns zu überfallen, untergraben.

Auch wenn »Achtsamkeit« eher eine Lebenshaltung als ein Handwerkzeug ist, gibt es verschiedene Techniken, sich bewusst auf das Jetzt zu konzentrieren und dadurch die Angst zu vermindern.

Eine dieser Techniken wurde 1938 erstmals von Dr. Edmund Jacobson in seinem Buch *Progressive Relaxation* beschrieben. Bei der Progressiven Muskelentspannung, auch bekannt als Jacob'sche Muskelentspannung, geht es um das jeweilige Anspannen und Entspannen von Muskelgruppen des Körpers. Merken Menschen den Unterschied zwischen Anspannung und Entspannung, fällt es ihnen leichter, einen Zustand der Entspannung einzunehmen. Eine Anleitung zur Progressiven Muskelentspannung findet sich im Buch des Autors (Baker, 2015), wie auch im Internet.

Angst geht oft mit kurzem, schnellem Atmen einher, während tiefes Atmen mit Entspannung zusammenhängt. Tiefes Atmen kann einen Entspannungszustand herbeiführen, weil es hilft, sich auf eine innere unmittelbare Erfahrung zu konzentrieren und die

Aufmerksamkeit vom Strudel der besorgniserregenden Gedanken abzuziehen. Anleitungen zum Erlernen des richtigen Atmens finden sich ebenso im Buch des Autors (Baker, 2015) wie auch online. Außerdem gibt es viele angeleitete Achtsamkeitsmediationen im Internet oder in Apps. Meistens geht es hierbei darum, sich auf den Atem zu konzentrieren (ohne ihn zu verändern) und ein Bewusstsein für das Abschweifen der Gedanken zu schaffen, um sich wieder neu auf den Atem zu konzentrieren. Die folgenden Anleitungen sind zu empfehlen:

- Online: www.fragrantheart.com, (s. meditations for children).
- Apps: Take a Chill, Sleep Meditations for Kids, Smiling Mind, Calm, The Mindfulness App, Simply Being, Buddhify

Interessierte Leser finden weitere Anleitungen bei der Onlinesuche nach den Stichworten »free meditation guides« (»kostenlose Anleitungen zur Meditation«).

Zusammenfassung: Ängste beruhigen und ihnen begegnen

Ängste alleine sind kein Problem, erst wenn diese das Leben durch zeitaufwändige unnötige Routinen (wie bei Zwangsstörungen) oder das Vermeiden gewünschter Aktivitäten beeinträchtigen, werden sie zum Problem. Das Ziel von Beruhigungsstrategien ist es, Wohlbefinden zu schaffen, die Angst zu verringern und besonders die Angst so stark zu reduzieren, dass die Menschen nicht länger völlig ungefährliche Situationen vermeiden müssen. Hier sind einige Empfehlungen für die Nutzung der oben beschriebenen Beruhigungsstrategien (aus Baker, 2015):

1. **Aktives Beruhigen:** Es wird empfohlen, ein Sportprogramm zu starten. Dieses ist kostenlos, reduziert Ängste, steigert die Aufmerksamkeit und verbessert Gedächtnis und Lernen. Regelmäßige sportliche Aktivität sollte zu jedermanns täglicher Routine gehören. Ähnlich hierzu können auch die Beschäftigung mit Hobbies und anderen erwünschten Aktivitäten helfen, Ängste zu reduzieren. Dazu könnten ein Musikinstrument, Gesellschaftsspiele, Lesen oder Filme und Sendungen ansehen gehören. Diese Aktivitäten sollten sich die Waage halten mit notwendigen Aktivitäten wie Hausaufgaben, Abendessen oder ins Bett gehen.
2. **Leises Beruhigen:** Es wird empfohlen, mit Progressiver Muskelentspannung, tiefem Atmen und Achtsamkeitsmeditation zu experimentieren, um herauszufinden, welche Techniken leicht fallen und Stress reduzieren. Diese Techniken sollten zur täglichen Routine werden, etwa immer vor dem Schlafen gehen, nach dem Aufwachen und in Angstmomenten (vor, während und nach der Konfrontation mit Ängsten).
3. **KVT** ist für alle (sprechenden) Kinder zur Veränderung der Angstgedanken nützlich. Entscheidend ist hierbei, dass die Tendenz bekämpft wird, die Wahrscheinlichkeit und die Konsequenzen von negativen Zukunftsereignissen zu überschätzen. Betreuer sollten ermutigt werden, eine »Denken wie ein Wissenschaftler«-Karte zu erstellen. Diese kann daran erinnern, wie die besorgniserregenden Gedanken bekämpft werden.
4. Zusammen mit dem Kind sollte eine Angstleiter erstellt werden, um Situationen festzulegen, die eine schrittweise Bewältigung der Angst erlaubt. Für jüngere (unter 12) und weniger motivierte Kinder sollte extrinsische Verstärkung als Anreiz eingesetzt werden, sich mit einer beängstigenden Situation zu konfrontieren.

5. Reduzieren die oben genannten Techniken die Ängste nicht ausreichend, kann man Neurofeedback und/oder Medikamente zur weiteren Verringerung der Ängste einsetzen. Dadurch fällt es Kindern meist leichter, sich mit ihren Ängsten auseinanderzusetzen. Auch wenn Neurofeedback recht sicher ist, machen Kosten und Zeitfaktor es nicht zu jedermanns erster Wahl. Auch Medikamente sind aufgrund von Nebenwirkungen nicht unbedingt die erste Wahl. Sie können jedoch berücksichtigt werden, wenn andere Techniken versagt haben, die gewünschten Ergebnisse zu erbringen.
6. Nicht alle Kinder benötigen alle Schritte. Manche Kinder, wie das Mädchen mit der Phobie vor Wespen und Bienen, brauchen nur eine Technik, um sich ihrer Angst zu stellen und sie zu überwinden. Andere Kinder haben stärkere Ängste und brauchen mehrere Strategien, um ihre Symptome zu bewältigen.

5 Soziale Fähigkeiten unterrichten

Immer mehr Studien zeigen, dass soziales Kompetenztraining zu positiven Veränderungen führen kann. Einige der ABA-Strategien wie Modeling, Prompting und Verstärkung sind effektiv für das Unterrichten vieler sozialer Fähigkeiten. Hierzu gehören Aufmerksamkeit, Blickkontakt, angemessener Inhalt und Anbahnung von Gesprächen, Spielfähigkeiten und Frequenz und Dauer von Interaktionen (Mateson & Mateson, 2007 für ein Review von 79 Studien). Auch Techniken, bei denen die Kinder durch Video-Modelling oder Social Stories™ (entwickelt von Carol Gray) durch ein Modell sehen, was sie tun sollen, haben guten Erfolg (Bellini & Akullian, 2007).

Forscher haben begonnen, Michelle Garcia-Winners »Social Thinking Strategies« bei Menschen mit ASS und hohem Funktionsniveau zu untersuchen, und auch hier eine positive Wirkung festgestellt (Crooke et al., 2007). Für die Effekte des Strukturierten Lernens (Erklären, Modellieren und Rollenspiel) gibt es reichlich Evidenz mit verschiedenen Stichproben, nicht nur mit Autisten (McGinnis & Goldstein, 1997). Das Cartoon und Skript-Curriculum für Kinder mit ASS (CSA) beinhaltet Cartoons, Rollenspiel und Video-Modelling und wird in deutschen ABA-Hausteams erfolgreich genutzt (Bernard-Opitz, 2014). Auch Gruppen für soziales Kompetenz- und Kommunikationstraining basierend auf dem TEACCH-Model sind mittlerweile weit verbreitet (Häussler et al., 2013). Trimarchi (2004) untersuchte Strukturiertes Lernen bei Betroffenen mit Asperger-Syndrom mit dem Social Skills Training Manual des Autors (Baker, 2003) und fand für 90 % der Zielfähigkeiten mindestens eine kleine Verbesserung verglichen mit der Kontrollgruppe. Koning et al. (2013) evaluierten die Wirksamkeit einer 15-wöchigen kognitiv-verhaltenstherapeutischen Intervention zur Verbesserung sozialer Fähigkeiten von Jungen mit ASS im Alter von 10 bis 12 Jahren. Jungen mit einem durchschnittlichen oder überdurchschnittlichen IQ und rezeptiven Sprachfähigkeiten wurden zufällig entweder der Kontrollgruppe (n=8) oder der Untersuchungsgruppe (n=7) zugewiesen. Während der Intervention besuchten die Jungen einmal wöchentlich eine zweistündige Gruppensitzung mit dem Fokus Selbstbeobachtung, soziale Wahrnehmung und Emotionswissen, Konversationsfähigkeiten, soziale Problemlösung und Fähigkeiten zum Management von Freundschaften. Die Inhalte der Sitzungen basierten auf Arbeiten von Baker (2003), Crick und Dodge (1994) und Garcia-Winner (2002, 2005). Ein Vergleich der Ergebnisse mit wiederholten Messungen zeigte, dass die Jungen der Untersuchungsgruppe im Vergleich zu der Gruppe ohne Intervention signifikant besser in sozialer Wahrnehmung, Interaktion mit Gleichaltrigen und sozialem Wissen waren. In Bezug auf die Generalisation konnten allerdings keine

Unterschiede festgestellt werden. Folglich muss die Generalisierung auf neue Situationen im Fokus zukünftiger Arbeiten stehen. Kenwothy et al. (2013) wollten die Methoden des Programms »Unstuck and On Target« von Cannon et al. (2011) validieren. Das Programm trainiert Fähigkeiten im Umgang mit Frustration. Die Kontrollgruppe dieser Studie bekam ein soziales Kompetenztraining basierend auf Baker (2003). Dieses enthielt keine Einheiten zum Umgang mit Frustration, aber Programme zum Aufbau von Freundschaft und Konversation. Nicht überraschend war die »Unstuck and On Target«-Gruppe der Kontrollgruppe hinsichtlich des Umgangs mit Frustration überlegen (Die Kontrollgruppe hatte keine Trainingsprogramme mit dem Fokus Frustration). Interessant war aber, dass die Kontrollgruppe sich erheblich in sozialer Angemessenheit und Reziprozität verbesserte und das Training in der Schule sowie bei Eltern und Schülern beliebt war. Auch wenn der Umgang mit Frustration in der Kontrollgruppe nicht anvisiert war, brachten die Zielstunden aus dem Programm von Baker (2003) großen Zuwachs an sozialen Fähigkeiten.

Trotz dieser vielversprechenden Ergebnisse gibt es immer noch eine Lücke zwischen Wissenschaft und Praxis der Trainingsprogramme in Schulen. Bellini, Peters, Benner und Hopf (2007) überprüften 55 Ergebnisstudien und folgern daraus, dass die meisten schulbasierten sozialen Kompetenztrainings nur minimale Effekte haben. Sie zeigten die Probleme dieser Trainings auf: Die Ziele werden nicht an die Bedürfnisse der Kinder angepasst, es fehlt die Generalisierung ins natürliche Umfeld, die Dauer der Trainings ist zu kurz und die Kinder werden nicht motiviert, ihre Fähigkeiten zu zeigen.

Schlüsselelemente von effektiven sozialen Kompetenztrainings

Die Forschung zu Effekten sozialer Kompetenztrainings zeigt die kritischen Elemente dieser Trainings. Diese müssen berücksichtigt werden, um sicherzustellen, dass effektiv unterrichtet wird. Der Autor dieses Buchs hat ein flexibles Modell erstellt, um die kritischen Elemente zu berücksichtigen (Baker 2003, 2005). Das Modell beinhaltet die folgenden sechs Komponenten: relevante Ziele festsetzen, Motivation für das Training aufbauen, angemessene Methoden zum Erwerb der Fähigkeiten aussuchen, Generalisierung anvisieren und die Mitschüler trainieren sowie den Fortschritt messen.

1. Festsetzung: Legen Sie den Schwerpunkt auf relevante Zielfähigkeiten, die Sie durch die wichtigsten Interessengruppen herausfinden (z. B. den Schüler, Eltern, Lehrer).

Der Versuch, allgemeine soziale Fähigkeiten zu lehren, ist nicht sehr effektiv (Bellini et al., 2007). Neuere Forschung zeigt, dass der Fokus auf den speziellen Defiziten eines Schülers liegen sollte und man an diesen für einen längeren Zeitraum arbeiten sollte. Schüler, Eltern und Lehrer können ihre Prioritäten auf drei bis vier Fähigkeiten setzen, an denen dann für mehrere Monate in allen Umgebungen gearbeitet wird. Dies ist eine handhabbare Anzahl an Zielen, auch für Eltern und Lehrer, die diese Fähigkeiten im Alltag anregen müssen, um so die Generalisierung in verschiedenen Umgebungen zu gewährleisten. Um zu entschei-

den, welche Fähigkeiten erlernt werden, sollte man einen funktionalen Ansatz wählen und fragen, welche Fähigkeiten für den Schüler wichtig sind, damit er in der gewünschten Umgebung klar kommt. Um die Auswahl der Ziele zu erleichtern, können die wichtigsten Bezugsgruppen (d. h. der Schüler, Eltern, Lehrer) die folgenden Fragen berücksichtigen:
- Was macht der Schüler zu häufig und was behindert ihn im sozialen Funktionieren in der gewünschten Umgebung? Dies könnte beispielsweise sein, die persönliche Distanz zu anderen zu überschreiten, andere zu unterbrechen, über die eigenen Interessen zu sprechen, anderen die eigenen Wünsche aufzudrängen, frustrierende Arbeit zu vermeiden, andere zu beleidigen oder aggressiver Umgang mit Unstimmigkeiten. Dies nennt man störendes Verhalten.
- Was macht der Schüler nicht und was behindert ihn hauptsächlich im sozialen Funktionieren in der gewünschten Umgebung? Hierzu gehört beispielsweise, Mitschülern und Lehrern nicht zu antworten, nicht nach Hilfe zu fragen, wenn sie benötigt wird, Hygiene und angemessene Kleidung nicht zu beachten oder keine Interaktion mit anderen zu initiieren.

Auch eine Übersicht der sozialen Fähigkeiten (Baker, 2003, 2005) kann Lehrern und Eltern gegeben werden, um Ziele zu formulieren und Prioritäten zu setzen. Zu jeder Fähigkeit der Übersicht gibt es dann eine Einheit im Manual.

Ziele sollten positiv formuliert sein, d. h. Problemverhalten wird in positive und lehrbare Fähigkeiten umgewandelt, die das Problemverhalten ersetzen können. Zum Beispiel »initiiert keine Interaktion oder Spiel« wird durch das Ziel »initiiert oder schließt sich Interaktion und Spiel mit anderen Kindern an« ersetzt.

Sind die Ziele einmal aufgestellt, müssen sie messbar gemacht werden, um Fortschritte beim Erreichen der Ziele festlegen zu können. Eine Möglichkeit, dies zu erreichen, ist, die Ziele zu quantifizieren (d. h. in Zahlen darzustellen, um zu überprüfen, ob das Ziel erreicht ist). Beispielhaft kann dies so aussehen: »der Schüler wird sich in 90 % der beobachteten Zeiten an schweren Aufgaben versuchen oder mit bis zu zwei Erinnerungen um Hilfe bitten anstatt die Arbeit zu verweigern«. Das heißt, der Schüler wird zu bestimmten Zeiten im Schuljahr beobachtet, und das Ziel ist, dass der Schüler dann in mindestens 90 % der Fälle seiner Arbeit nachkommt oder mit nicht mehr als zwei Erinnerungen um Hilfe bittet. Da es nicht möglich ist, dies die ganze Zeit zu messen, könnte eine Person dies ein bis zwei Mal pro Monat beobachten.

2. Motivation: Motivation zum Lernen und Generalisation

Bloß weil man Ziele identifiziert hat, heißt dies noch nicht, dass ein Schüler motiviert ist, die anvisierten Fähigkeiten zu erlernen. Die untenstehende Tabelle beschreibt Möglichkeiten, Schüler zu motivieren. Die Tabelle ist eingeteilt in Methoden, die extrinsische Motivation (d. h. Verstärkung nach Nutzung der Fähigkeiten) und intrinsische Motivation (d. h. das Nutzen der Fähigkeiten selbstverstärkend machen) betonen. Außerdem stellt die Tabelle Methoden in Abhängigkeit von den Kommunikationsfähigkeiten des Schülers dar. Auf der einen Seite befinden sich Schüler mit weniger guten Kommunikationsfähigkeiten, die nicht über Situationen und Ereignisse sprechen können. Auf der anderen Seite sind Schüler mit guten Kommunikationsfähigkeiten, die vergangene und zukünftige Ereignisse besprechen können ebenso wie abstrakte Konzepte wie Denken und Fühlen. Das *Diagnostische und Statistische Manual Psychischer Störungen* (DSM-5®, American Psychiatric Association, 2013) stuft die

kommunikativen Fähigkeiten von Menschen mit ASS in drei Stufen ein:
- Stufe 3 beschreibt Menschen mit schwerwiegenden verbalen und nonverbalen Kommunikationsdefiziten, also die keine oder wenige Worte sprechen.
- Stufe 2 beschreibt Menschen mit merklichen Kommunikationsdefiziten. Sie können in einfachen Sätzen sprechen, aber nicht über abstrakte Konzepte oder zukünftige oder vergangene Ereignisse.
- Stufe 1 bezieht sich auf Menschen, die Sprache gut beherrschen und über viele Themen einschließlich zukünftige oder vergangene Ereignisse sprechen können. Dennoch haben sie Schwierigkeiten mit Pragmatik, wozu auch die Themenwahl sowie reziproke Konversation gehören.

Bei Kindern mit guten Kommunikationsfähigkeiten (Stufe 1) ist es möglich, sie verbal davon zu überzeugen, bestimmte Fähigkeiten zu lernen. Dabei kann man auf die Vorteile der neuen Fähigkeiten für die Zukunft hinweisen, wie etwa den Erhalt von Verstärkung oder das Erreichen der eigenen Ziele. Beispielsweise kann man erklären, dass die Fähigkeit, einen Kompromiss zu machen, helfen kann, einen gewünschten Job zu erhalten oder Freunde zu finden (intrinsische Verstärkung). Möglich ist auch, dass die Eltern einen später Computer spielen lassen, wenn man einen Kompromiss bei einer Gruppenarbeit eingeht (extrinsische Verstärkung). Kinder mit weniger guten Kommunikationsfähigkeiten (Stufe 2 und 3) benötigen mehr direkte, extrinsische Verstärkung oder unmittelbaren Spaß durch die Aktivität selbst. Überlegen Sie, wie diese Ansätze für ein junges autistisches Kind mit wenig guter Sprachfähigkeit und nur einem ansatzweisem Wunsch nach Interaktion mit anderen Kindern aussehen könnten. Um dieses Kind extrinsisch zu motivieren, muss man Verstärker finden, die auf kurze

Spielsituationen mit anderen Kindern folgen (z. B. besonderes Essen, Zugang zu Spielzeug, Computer oder anderen favorisierten Aktivitäten). Aus der intrinsischen Motivation leiten sich die Spiele ab, die das Kind gerne spielt. Man könnte Spiele spielen, die wenig Sprache voraussetzen wie etwa Verstecken, Folge-dem-Anführer oder nonverbale Gesellschaftsspiele. Diese Spiele würde man für das Kind vormachen und dem Kind durch Prompts/Hilfen helfen. Was auch immer dem Kind ein Lächeln ins Gesicht zaubert, weist auf sein Interesse hin. Man könnte dann eine Tafel (visuelle Hilfe) mit allen bevorzugten Spielmöglichkeiten in der Spielzeit erstellen, so dass das Kind wählen kann, welche Spiele es spielen mag. Anschließend kann man typisch entwickelte Kinder anleiten, diese Spiele mitzuspielen. Anstatt einer Verstärkung nach der Spielzeit wird so das Spielen selbst verstärkend, da die Kinder die Spiele selbstständig auswählen.

	Extrinsische Verstärkung	Intrinsische Verstärkung
Präsymbolische Sprache (Stufe 2 und 3)	Materielle Verstärkung und Lob werden nach Einsatz der Fähigkeiten angeboten. Die Verstärkung steht nicht unbedingt im Zusammenhang mit der Fähigkeit und ist in der natürlichen Umgebung eventuell nicht verfügbar. Dies charakterisiert den frühen Lovaas-Ansatz des Diskreten Lernformats, doch heutige Lovaas-Ansätze nutzen auch Ansätze, die sich auf intrinsische Motivation stützen.	*Pivotal Response Training und Early Start Denver Model* binden oft die Interessen des Kindes in den Unterricht ein und vermischen schwere Aufgaben mit einfachen, um die intrinsische Motivation aufrechtzuerhalten. *Verbal Behavior Training* beginnt mit dem Einüben von Mands, d. h. das Kind lernt, nach seinen favorisierten Dingen und Aktivitäten zu fragen. So werden die Fähigkeit und die Verstärkung natürlich verknüpft und die Verstärkung wird intrinsisch in der Lernumgebung.

	Extrinsische Verstärkung	Intrinsische Verstärkung
Gute Sprachfähigkeit (Stufe 1)	Extrinsische Verstärkung wird wie oben angeboten, jedoch werden oft symbolische Verstärker wie Tokens oder Punkte auf Verhaltenstafeln gesammelt.	*Gründe erklären*, warum es sich lohnt, an den schwierigen Fähigkeiten zu arbeiten, z. B. dass es dem Schüler hilft, seine Zukunftsziele zu verwirklichen. *Bei Schülern, die sich scheinbar nicht für ihre Zukunft interessieren*, arbeiten Sie am Selbstbewusstsein für Stärken und Talente, um Zukunftsziele zu schaffen anstatt sich auf die Herausforderungen zu konzentrieren. *Lassen Sie die Schüler die notwendigen Fähigkeiten anderen vermitteln*, damit sie sich kompetent fühlen. Gestalten Sie den *Kontakt zu anderen spaßig* durch Aktivitäten für die ein hohes Interesse besteht.

3. Der Erwerb erster Fähigkeiten: Unterrichten Sie Fähigkeiten, die zum sprachlichen und kognitiven Niveau sowie der Aufmerksamkeit des Schülers passen.

Bei der Entscheidung wie das Kind eine Fähigkeit erlernen soll, müssen zwei Dinge berücksichtigt werden. Zunächst muss eine bestimmte Methode gewählt werden. Diese ist abhängig vom Sprachniveau und den kognitiven Fähigkeiten des Kindes. Kinder mit hohen sprachlichen Fähigkeiten (Stufe 1) profitieren von Techniken, bei denen die einzelnen Lernschritte erklärt werden und das Kind Modellvorgaben und Hilfestellungen bekommt. Viele kognitiv-verhaltenstherapeutische Methoden können mit den Schülern genutzt werden, die die Perspektive anderer und soziale Hinweise verstehen, wenn man diese ihnen erklärt. Details zum Strukturierten Lernen, bei dem Erklären, Modellvorgabe und Rollenspiel erklärt werden, finden sich in Büchern des Autors (für die Grundschule: Baker, 2003; für die weiterführende Schule: Baker, 2005). Hierbei ist das Schlüsselelement dieser Ansätze nicht nur zu erklären, *was* man tun soll, sondern auch *warum*. Man versucht das Verständnis für die Auswirkungen des eigenen Verhaltens auf Denken und Emotionen anderer zu verbessern. Das heißt, der Hauptaspekt beim Unterrichten von sozialen Fähigkeiten bei Kindern mit hohem Funktionsniveau ist, ihr Denken über sich und andere zu verändern und auszuweiten.

Bei Schülern mit größeren sprachlichen Defiziten (Stufe 2 und 3) kommt man mit verbalen Erklärungen demgegenüber nicht weiter. Stattdessen muss der Therapeut die Fähigkeit in der aktuellen Situation vormachen und anleiten und den Prozess eventuell durch Bilder und Videos der einzelnen Schritte ergänzen. Das ist ähnlich zum oben beschriebenen Beispiel von einem Jugendlichen mit geringen sprachlichen Fähigkeiten, bei dem die Ziele das Initiieren von Spiel und das gemeinsame Spiel waren.

Als zweiter Aspekt ist zu berücksichtigen, *wo die Fähigkeiten unterrichtet werden*: in einer Gruppe, im Klassenraum oder in einer Eins-zu-Eins-Situation. Es gibt Belege dafür, dass das Unterrichten im Klassenraum zu einer besseren Generalisierung führt (Bellini et al., 2007). Bei jüngeren Kindern ist es oft sinnvoll, in der Klasse zu unterrichten, da viele Mitschüler auch von den Einheiten profitieren. Demgegenüber sind bei älteren Kindern mit Förderbedarf die zu erlernenden Fähigkeiten sehr unterschiedlich zu denen ihrer Klassenkameraden. Daher kann es sinnvoll sein, nicht die ganze Klasse zu unterrichten, sondern eine spezielle Kleingruppe zu bilden. Ein weiterer Vorteil von kleinen Gruppen ist, dass die Schüler die Möglichkeit haben, sich miteinander anzufreunden. Positive Ergebnisse wurden für den Gruppenunterricht im sozialen Kompetenztraining des Autors gefunden (Trimarchi, 2004 für den Ansatz von Baker, 2003). Haben die Schüler jedoch Verhaltensprobleme und Schwierigkeiten in der Gruppe, kann es am besten sein, mit Eins-zu-Eins-Unterricht zu beginnen.

4. Generalisierung: Coachen Sie die Kinder, so dass sie ihre Fähigkeiten in der natürlichen Situation nutzen und betonen Sie dabei die Interessen und Vorlieben der Kinder.

Zusätzlich zur oben beschriebenen extrinsischen und intrinsischen Motivation brauchen die Schüler Erinnerungen und Coaching in der natürlichen Situation, um ihre Fähigkeiten zu zeigen. In der Metaanalyse über die Wirksamkeit von sozialen Kompetenztrainings von Bellini et al. (2007) zeigte sich, dass es oft zu wenig Training in der natürlichen Situation gibt und dass dies ein Grund ist für die mittelmäßige Wirksamkeit von Sozialtrainingsprogrammen. Es ist *essentiell, sich mit Eltern und Lehrern auszutauschen und ihnen zu helfen schriftliche Erinnerungen* (wie Spickzettel, Verhaltenslisten und Listen der Fähigkeiten) anzufertigen, um die Schüler zu unterstützen. Diese schriftlichen Erinnerungen werden zu den Eltern nach Hause geschickt und an die anderen Lehrer verteilt, so dass sie ihre Schüler in Bezug auf die Nutzung der Fähigkeit coachen können. Außerdem sollten Eltern und Lehrer lernen, wie man Hilfestellung gibt, coacht und mit den Schülern reflektiert.

5. Mitschüler trainieren und sensibilisieren: Die Zusammenarbeit mit typisch entwickelten Kindern erhöht die Generalisierung und vermindert Isolation und Mobbing.

Wenn Schüler wenige Möglichkeiten haben, mit Mitschülern zu interagieren, oder sie sogar gehänselt werden, sollte das Training der Regelschüler Teil des sozialen Kompetenztrainings werden. Mitschüler können lernen, »Helfer« zu sein oder Kinder mit Autismus im Spiel oder bei der Arbeit zu coachen. Außerdem können sie lernen, den behinderten Kindern beizustehen und eine schützende Rolle einzunehmen, wenn diese gemobbt oder gehänselt werden (Baker, 2003, 2005). Zusätzlich können Sie an sozialen Kompetenztrainings teilnehmen, so dass die Chance besteht, mit dem autistischen Kind in Spiel und Gespräch zu interagieren.

Man kann verschiedene Stufen des Mitschülertrainings wählen. Erstens kann dies in Klassen stattfinden, in denen Kinder isoliert sind oder wegen Lern- oder Verhaltensunterschieden gemobbt werden. Es ist auch möglich, ein schulweites Präventionsprogramm zu implementieren, in dem alle Schüler für individuelle Unterschiede sensibilisiert werden und ermutigt werden, Hänseleien und Mobbing zu unterlassen und sich stattdessen gegenseitig zu unterstützen. Detaillierte Informationen zur Sensibilisierung und zum Training von Mitschülern für eine Schule oder ein spezielles Kind finden Sie in den Büchern des Autors (für die Grundschule: Baker, 2003; für die weiterführende Schule: Baker, 2005).

6. Fortschritte messen

Bellini und Peters (2008) bewerten die verschiedenen Arten, soziale Fähigkeiten durch Beobachtung, Interview und Skalen zu messen. Sie unterscheiden zwischen Messungen der »sozialen Kompetenz« und der »sozialen Fähigkeiten«. Unter Messung der sozialen Kompetenz verstehen sie eine Beurteilung des sozialen Könnens eines Kindes durch Menschen, die das Kind gut kennen (z. B. Eltern und Lehrer). Hingegen verstehen sie unter der Messung der sozialen Fähigkeiten die Beobachtungen eines spezifischen Verhaltens in bestimmten Situationen. Gresham et al. (2001) teilen die Messungen in die folgenden drei Kategorien ein:

- Typ I: Messungen sind Bewertungsskalen und Interviews, die soziale Kompetenz messen. Auch wenn diese subjektive Beurteilungen durch Eltern oder Lehrer sind, stellen sie nach Bellini und Peters (2008) ein valides Messinstrument dar, weil sie zeigen, wie nahestehende Personen das Kind wahrnehmen. Diese Art der Messung erweist sich als eine Zusammenfassung des kindlichen Verhaltens in verschiedenen Umgebungen. Sie ist aber nicht sensitiv für kleine Veränderungen in bestimmten Umgebungen.
- Typ II: Messungen sind Beobachtungen eines bestimmten Verhaltens in der jeweiligen Umgebung. Hierbei können Veränderungen zwar sehr leicht erfasst werden, sind aber schwieriger durchführbar in allen Umgebungen.
- Typ III: Messungen sind Rollenspiele oder Diskussionen mit dem Kind, um zu sehen, ob es die entsprechende Fähigkeit beherrscht. Beispielsweise kann man das Kind fragen oder zeigen lassen, was es tun würde, wenn es gehänselt wird. Diese Methode ist nicht so valide wie Typ I und Typ II Messungen, da man nicht misst, was das Kind in der natürlichen Situation tatsächlich tut.

Ich stütze mich, wenn möglich, auf die direkte Beobachtung des Verhaltens (Typ II) zusammen mit Beurteilungen durch Eltern und Lehrer auf einer fünfstufigen Likert-Skala (Typ I). Das untenstehende Beispiel zeigt eine solche Beurteilung für John, der in Gesprächen gerne über seine Interessen, nicht aber über die Interessen der Mitschüler sprach. Die Fähigkeit, an der er arbeitete, nannte sich »über beliebte Interessen sprechen anstatt über die spezifischen eigenen Interessen«.

Bitte beurteilen Sie, wie gut John mit seinen Mitschülern über beliebte (nicht seine spezifischen) Interessen sprechen kann:

Nie	Selten	Manchmal	Regelmäßig	Regelmäßig
1	2	3	4	5

Abb. 5.1: Beurteilung, wie gut John mit seinen Mitschülern über beliebte (nicht seine spezifischen) Interessen sprechen kann

Beispiele für soziale Fähigkeiten

Gesprächsfähigkeiten

Um ein Gespräch aufrecht zu erhalten, ist es notwendig, dem Gesprächspartner gegenüber sensibel zu sein. Das bedeutet, dass man seine Perspektive verstehen muss und sich angemessen verhält. Zu diesen Fähigkeiten gehören interessiert zuhören, relevante und interessante Themen ansprechen, Fragen stellen, Kommentare abgeben, warten, bis man reden kann, anstatt zu unterbrechen, wissen, wann man das Thema verändern muss oder andere sprechen lässt, und unangebrachte Kommentare vermeiden (Baker, 2005 für eine vollständige Liste der Gesprächsfähigkeiten).

Bei Kindern mit guten sprachlichen Fähigkeiten kann man nach den Schritten Erklären, Vormachen und Rollenspiel vorgehen. Um die Fähigkeit zu generalisieren, nutzt man Spickzettel oder Fähigkeitsblätter, die als Erinnerung vor Gebrauch der Fähigkeiten dienen. Spickzettel kann man zur Vor- oder Nachbereitung der Situation nutzen oder zum Coaching direkt in der Situation. Im Buch *Preparing for Life* (Baker, 2005) werden die einzelnen Schritte einer Fähigkeit zusammen mit Methoden zum Unterrichten, Üben und Generalisieren beschrieben. Einige der wichtigsten Gesprächsfähigkeiten werden im Folgenden beschrieben. Hierzu gehört es, unbekannte Menschen kennenzulernen, ein Gespräch mit einer bekannten Person anzufangen und das Gespräch aufrechtzuerhalten.

6   Arbeitsblätter

Zusammenfassung: Ein Gespräch beginnen und aufrechterhalten

Unbekannte Menschen kennenlernen

Name: Wie heißt du? Mein Name ist _____.
Stadt: Woher kommst du? Wo lebst du momentan? Ich komme aus _____./Ich wohne in _____.
Schule: Auf welche Schule gehst du? Was studierst du? Ich gehe auf die _____ Schule/ Ich studiere _____.
Arbeit: Was arbeitest du oder was möchtest du mal werden? Ich arbeite als _____./Ich möchte _____ werden.
Interessen: Was machst du gerne? Ich mache gern _____.
(Hobbies, Fernsehen, Kino, Bücher, Orte, an die du gerne gehst, Spiele, Sport, Essen)

Familie: Hast du eine große Familie? Hast du Eltern, Geschwister, Ehepartner, Kinder oder Haustiere? Meine Familie besteht aus _____.

Mit bekannten Menschen sprechen

Erzählen: Weißt du was, _____ (etwas erzählen was man getan hat)?
Hast du von _____ (eine Neuigkeit, die du gehört hast) gehört?
Vergangenheit: Wie war _____? (Woche, Wochenende, Tag, Urlaub)
Gegenwart: Was (machst, liest, arbeitest, isst) _____ du?
Zukunft: Was hast du _____ (nach der Stunde, am Wochenende, in den Ferien) vor?
Interessen: Wie gefällt dir _____? (etwas, für das sich der Gesprächspartner interessiert, z. B. Arbeit, Hobbies, Sport oder ein beliebtes Interesse)

Gespräch aufrechterhalten

Frag	**Erzähl**
Wer	Oh ja.
Was	Ich verstehe _____
Wann	Ich mag_____
Wo	Ich _____ auch.
Warum	Ich_____ nie.
Wie	Mein _____
Was noch	

Ein Gespräch beginnen und aufrechterhalten – Aktivitäten

Die Fähigkeit unterrichten

1. **Erklären und machen** Sie die verschiedenen Gesprächseinstiege vor, während Sie sie auf einem Arbeitsblatt zeigen. Erklären Sie, dass alle Gesprächsaufhänger wahrscheinlich interessanter und relevanter für das Gegenüber sind als die spezifischen eigenen Interessen. Themen, die nur mit dem Spezialinteresse zusammenhängen, führen beim Zuhörer zu Langeweile und folglich dazu dass das Gegenüber ein weiteres Gespräch vermeidet. Gesprächseinstiege, die sich auf die aktuelle Situation beziehen, sind oft die besten Eisbrecher, um ein Gespräch mit jemand Unbekanntem zu beginnen.
2. **Bauen Sie Wissen über Gesprächseinstiege mit unbekannten und bekannten Menschen auf.** Bevor es an das eigentliche Üben geht, gibt es zahlreiche Spiele durch die Schüler Wissen über Gesprächseinstiege erwerben können.
Fragen Sie Ihre Schüler was sie sagen würden, um ein Gespräch in den untenstehenden Situationen zu beginnen. Sie können dies als Quiz üben und Punkte für angebrachte Reaktionen vergeben.
Vergangenheit:
   1. Du hörst zufällig jemand über seinen Urlaub sprechen.
   2. Du triffst deinen Freund an einem Montagmorgen.
   3. Du triffst deine Mitschüler nach den Ferien.
   4. Ein Freund kommt gerade von einer schweren Arbeit.
Gegenwart:
   5. Du isst mit Mitschülern zu Mittag.
   6. Du siehst jemand mit einer Spielkonsole oder einem Handy spielen.

7. Du siehst jemand mit einem T-Shirt, auf dem der Name einer Schule abgedruckt ist.
8. Du stehst an der Kinokasse in der Warteschlange und siehst jemand aus Schule oder Arbeit, der ebenfalls in der Warteschlange steht.

Zukunft:
9. Es ist Freitag kurz vor Schul- oder Arbeitsende. Du bist mit deinen Freunden zusammen.
10. Es ist Mittwoch und die Schule oder Arbeit ist zu Ende. Du verabschiedest dich von deinen Freunden.
11. Du hörst deine Freunde zufällig über Urlaubspläne für die nächsten Ferien sprechen.

– Möglicherweise können die Schüler auch im Deutschunterricht die Aufgabe bekommen, Gesprächseinstiege für verschiedene Situation zu schreiben. Wer an Grammatik arbeitet, kann ebenfalls an Gesprächseinstiegen arbeiten.

– Machen Sie eine Liste von bekannten Menschen und den Dingen, die sie tun. Beispielsweise schreiben Sie Hobbies, Interessen und Schulfächer auf. Dies stellt die Basis für einen Gesprächseinstieg dar. Weiß man zum Beispiel von einem Gruppenmitglied, das Basketball mag, kann man fragen: »Hast du letztens ein spannendes Spiel gesehen?«

3. **Rollenspiel eines echten Gesprächs.** Anstatt nur Wissen über den Gesprächseinstieg zu vermitteln, üben die folgenden Aktivitäten Beginn und Aufrechterhaltung eines Gesprächs, während man mit anderen tatsächlich spricht.

Klassenaktivitäten:
– **Die Klasse fragt und erzählt über einen Schüler.** Die Mitschüler starten ein Gespräch mit Hilfe eines Gesprächseinstiegs. Sie stellen darauffolgende Fragen und geben pas-

sende Kommentare ab. Danach rückt ein anderer Schüler ins Zentrum der Aufmerksamkeit, während seine Mitschüler das Gespräch beginnen und aufrechterhalten. Kommen neue Schüler in die Klasse, können sich die Mitschüler vorstellen und so das Eis brechen. Anschließend können sie dem neuen Schüler abwechselnd Fragen stellen, um ihn oder sie besser kennenzulernen.
- **Wer bin ich?-Spiel.** Eine Person tut so, als sei sie eine berühmte Person, ohne dabei zu verraten, wer sie ist. Die Mitspieler befragen sie dann mit den Gesprächseinstiegen. Sie wechseln sich mit Fragen stellen und erzählen ab und beachten dabei die Antworten der berühmten Person. Nach mindestens fünf Fragen können die Schüler beginnen zu raten, wer die berühmte Person ist.

Mit einem Partner:
- **Mit einem Erwachsenen üben:** Der Schüler kann das Gespräch beginnen in dem er fragt wie der Tag des Gegenübers läuft. Dann versucht er, mit Fragen und Kommentaren auf die Antworten des Partners zu reagieren und so das Gespräch aufrechtzuerhalten. Der Partner sollte nicht das Gespräch führen, sondern dem Schüler kurze Denkpausen für seine Antworten einräumen.
- **Gefälschtes Interview:** Schüler können sich abwechselnd interviewen und so tun, als seien sie berühmte Persönlichkeiten. Sie müssen fragen und kommentieren, um das Gespräch aufrechtzuerhalten, und dabei die Rolle der berühmten Persönlichkeit einnehmen. Auf diesem Weg kann man mit viel Spaß das Fragen und Erzählen üben, bevor man es auf natürlichere Art und Weise übt.
- **Gesprächsstationen:** Verschiedene Poster auf denen sich jeweils ein Gesprächseinstieg findet, werden im Raum aufgehängt. Die Schülerpaare suchen sich ein Poster aus und

beginnen das Gespräch mit dem abgedruckten Gesprächseinstieg. Anschließend sollen die Schüler berichten, was sie von ihrem Partner gelernt haben.
- **»Stehen bleiben!«-Spiel:** Die Schüler laufen durch den Raum, bis Sie sagen »Stehen bleiben!«. Dann wenden sie sich der nächsten Person zu und fangen ein Gespräch an. Die Schüler können dabei einen Zettel mit den Gesprächseinstiegen bei sich haben. Sie sollen das Gespräch durch Fragen und Kommentare aufrechterhalten. Schüler mit Schwierigkeiten können Prompts/Hilfen durch einen Erwachsenen erhalten. Am Schluss soll jedes Paar berichten, was es von seinem Partner gelernt hat. Die Übung kann auch ohne »Stehen bleiben!« einfach durch das Bilden von Paaren durchgeführt werden.
- **Wechselnde-Gesprächspartner-Spiel:** Die Schüler bilden Paare für sechsminütige Gespräche und wechseln dann den Partner, bis jeder mit jedem gesprochen hat. Man gibt ihnen Anweisungen zu einem bestimmten Gesprächsthema (z. B. die Interessen des anderen in Erfahrung bringen, über die vergangene Woche sprechen, Zukunftspläne herausfinden). Die Schüler sollen das Gespräch sechs Minuten lang durch Fragen und Kommentare aufrechterhalten. Am Schluss wird ein weiteres Spiel gespielt, um zu sehen, was die Schüler sich über ihre Partner gemerkt haben. Es bietet sich eine Variation des Spiels Tretze an, bei dem Lehrer gegen die Schüler mit einem Softball spielen. Die Schüler werfen sich den Ball hin und her und sagen bei jedem Ballwechsel etwas, das sie sich über einen Schüler gemerkt haben. Dafür bekommen sie Punkte. Die Lehrer können versuchen, den Ball zu bekommen. Schaffen Sie das, werfen sie den Ball zu einem anderen Lehrer und sagen, was sie sich über den Lehrer gemerkt haben. Auch die Lehrer erhalten Punkte

dafür. Das Spiel fördert nicht nur die Befragung des Gesprächspartners, sondern auch über die Inhalte nachzudenken und sie sich zu merken.

Moderiertes Gruppengespräch
– Während des Mittagessens, in der Gruppentherapie oder bei anderen Gruppenaktivitäten kann ein Erwachsener das Gespräch durch Prompts/Hilfen unterstützen. Ruhigere Schüler müssen zum Erzählen und Fragen bezogen auf die Aussagen der anderen ermutigt werden. Es kann notwendig sein, die anderen Schüler etwas auszubremsen, um dem ruhigeren Schüler eine Chance zu geben. Ähnlich können Schüler, die nur über ihre eigenen Interessen berichten, ermutigt werden, *Fragen* zu stellen anstatt nur über sich zu *erzählen*.

Generalisation

Vorbereiten

Das Arbeitsblatt »Ein Gespräch beginnen und aufrechterhalten« kann beim Üben von Gesprächen eine visuelle Hilfe für Schüler und Gruppen sein. Die Schüler werden ermutigt, sich das Poster zu kopieren und es als persönlichen Begleiter bei sich zu tragen. Sie können es sich kurz vor Gesprächssituationen, in denen sich unsicher fühlen, erneut ansehen (z. B. vor der Mittagspause in Schule und Arbeit, vor Partys oder einer Verabredung und neuen sozialen Situationen).

Aktivitäten üben

Alle oben beschriebenen Aktivitäten üben die Fähigkeit, Gespräche zu führen. Um sich zu verbessern, müssen die Schüler jedoch mehrmals wöchentlich in der natürlichen Umgebung üben. Das heißt, sie müssen letztendlich die Inhalte der Spiele (d. h. ihr Wissen über Gesprächseinstiege) auf die Gespräche über Interessen und Erfahrungen mit einem Partner oder einer kleinen Gruppe übertragen.

Review

Berichtigen Sie eigenwillige Gesprächseinstiege (z. B. welche, die sich nur um die Interessen des Schülers drehen oder anstößige Themen). Lassen Sie den Schüler den Themeneinstieg durch ein besser geeignetes Thema ersetzen (z. B. über gängige Interessen, über vergangene Ereignisse des Gesprächspartners oder die nahe Zukunft). Berichtigen Sie auch Fragen, die nicht zum Thema passen, indem der Schüler noch etwas zum aktuellen Thema sagt, bevor er das Thema wechselt.

Freundschaften schließen

Um Freunde zu bekommen, muss man sich so verhalten, dass der Andere gern mit einem zusammen ist. Bei Betroffenen mit hohem Funktionsniveau ist das von der Fähigkeit der Perspektivenübernahme abhängig. Hierbei ist es wichtig, dass man weiß, was der andere mag. Man sollte sich so verhalten, dass es dem potentiellen Freund gefällt. Die wichtigsten Freundschaftsfähigkeiten sind (s. ausführlicher Baker, 2005.):
1. Orte kennen, an denen man Freunde findet
2. Sich nicht zu früh zu sehr anstrengen
3. Freunde teilen
4. Sensible Themen und Beleidigungen vermeiden
5. Komplimente machen
6. Andere Meinungen akzeptieren
7. Nicht die Regelpolizei sein (d.h. zwing den anderen die Regeln nicht auf)
8. Bescheidenheit
9. Umgang mit Gruppendruck
10. Umgang mit Gerüchten
11. Empathisches Zuhören
12. Anteilnahme und Fürsorge für die Gefühle anderer zeigen
13. Freundschaften vertiefen: Vertrauliche Informationen teilen
14. Konfliktlösung/Sich durchsetzen
15. Umgang mit Hänseleien
16. Konstruktiv kritisieren
17. Kritik akzeptieren
18. Umgang mit dem Verlieren
19. Aufmerksamkeit durch positives Verhalten bekommen

Vier dieser Fähigkeiten sind die wichtigsten für die Entwicklung einer Freundschaft. Sie werden im Folgenden zusammen mit Übungsaktivitäten dargestellt.

Wo findet man Freunde?

Begründung

Auch wenn es schön wäre, kommen Freunde nicht einfach zu uns. Du musst dich ein bisschen anstrengen, um Freunde zu finden und Freundschaften zu schließen. Im Folgenden werden passende Umgebungen beschrieben, in denen du vielleicht einen passenden Freund findest.

Was ist ein Freund?

Ein Freund ist jemand den du magst und der dich mag. Freundschaft kann nicht erzwungen werden, da beide Individuen sich aus freien Stücken dazu entscheiden müssen. Es gibt einen großen Unterschied zwischen »freundlich« sein und »Freunde sein«. »Freundlich« sein heißt nett und höflich zu sein. »Freunde sein« heißt miteinander reden, sich treffen und Erfahrungen des Lebens miteinander teilen. Normalerweise entsteht die Freundschaft auf der Basis übereinstimmender Interessen oder ähnlicher Denkweisen. Auch wenn man nicht exakt gleich sein muss, um befreundet zu sein, helfen Gemeinsamkeiten, sich miteinander zu verbinden und sich überhaupt zu finden. Diese sind Gesprächsstoff und machen es einfacher, gemeinsame Aktivitäten zu finden.

Wo findet man potentielle Freunde?

Freunde sind Menschen, mit denen man Gemeinsamkeiten hat. Daher ist es sinnvoll, nach Menschen Ausschau zu halten, die die eigenen Interessen und Erfahrungen teilen. Die folgende Liste stellt mögliche Orte vor, an denen man Menschen mit ähnlichen Erfahrungen und Interessen treffen kann:

- Schulen, Universitäten und Gemeindezentren haben oft **Clubs oder Vereine**, die auf Interessen basieren (z. B. Radio, Musik, Fernsehen, Computer, Fotografie, Journalismus, Geschichte, Wissenschaft, Science Fiction, Sport, Politik, Computerspiele, Kartenspiele, Schach, Theater, usw.).
- Schulen, Universitäten und Gemeindezentren haben oft **Mannschaften**, denen man sich anschließen kann, z. B. Leichtathletikmannschaften, Debattierclubs, Schachteams, Quiz-Vereine, Chor oder Bands. Sich einer Theatergruppe anzuschließen und ein Stück einzuüben, ist auch eine gute Art, sich kennenzulernen.
- Schulen, Universitäten und Gemeindezentren haben manchmal Clubs auf der Basis gemeinsamer ethnischer Erfahrungen (z. B. Lateinamerika-Club, Karibischer Studentenclub, Panasiatischer Club, etc.).
- Wenn es noch keinen Club für deine Interessen und Erfahrungen gibt, **gründe deinen eigenen Club** in der Schule oder der Gemeinde, um Leute mit ähnlichen Interessen zusammenzubringen.
- **Selbsthilfegruppen**, die Menschen mit einer Vielzahl von Problemen (Scheidung, Trauer, soziale Isolation, Substanzmissbrauch, Umgang mit Krankheiten, etc.) helfen, können ein guter Ort sein, um Menschen mit ähnlichen Erfahrungen zu treffen.
- **Spezielle Kurse** oder Wahlfächer bringen Menschen mit speziellen Interessen zusammen. Menschen, die den gleichen Vorbereitungskurs, die gleiche Fortbildung oder das gleiche Hauptfach haben, sind potentielle Freunde.

- **Die virtuelle Welt** ist eine einfache Möglichkeit, Freunde mit gleichen Interessen und Erfahrungen zu finden. Man kann sich auf bestimmten Internetseiten über seine Interessen austauschen oder bei Online-Spielen gemeinsam über das Internet spielen. Es ist Vorsicht beim Umgang mit Menschen aus dem Internet geboten, da man nicht weiß, wer die Menschen wirklich sind. Außerdem nutzen Kriminelle das Internet, um Menschen zu finden, die sie bestehlen oder missbrauchen können. Wenn du planst, jemand zu treffen, den du online kennengelernt hast, nimm einen Erwachsenen mit und trefft euch an einem öffentlichen Ort, um eure Sicherheit zu gewährleisten. Außerdem sollte man nie Finanzinformationen (z. B. Kreditkartennummer oder Kontonummer) an Menschen aus dem Internet weitergeben, da es möglich ist, dass sie dich bestehlen wollen. Mehr über den sicheren Umgang mit der virtuellen Welt findet man in Baker (2013).

Wo findet man Freunde? Aktivitäten

Fähigkeiten unterrichten

1. Erklären Sie, warum es wichtig ist sich anzustrengen, um Freunde zu finden. Außerdem besprechen Sie die Bedeutung von gemeinsamen Interessen und Erfahrungen als Basis für eine Freundschaft. Stellen Sie die verschiedenen Orte, an denen man passende Freunde finden kann, zusammen.
2. Diese Fähigkeit kann nicht so einfach vorgemacht oder im Rollenspiel dargestellt werden. Stattdessen erstellen die Schüler einen Aktionsplan mit ihren Interessen und daraus folgend,

wo sie nach potenziellen Freunden suchen könnten. Die folgenden Schritte helfen dabei:
a. Lassen Sie die Schüler ihre Interessen auflisten und nutzen Sie dazu die oben beschriebenen Ressourcen, um diese in Schule, Gemeinde oder online zu finden.
b. Fragen Sie Ihre Schüler, an welchen Aktivitäten sie bereits teilnehmen und welche sie gerne ausprobieren würden.
c. Fragen Sie, ob es eine bestimmte Person in der Umgebung gibt, die die gleichen Interessen und Erfahrungen teilt.
d. Fragen Sie, was man am Anfang eines Gesprächs mit einer dieser Personen sagen könnte, um das Eis zu brechen und sich näher kennenzulernen (siehe Fähigkeit »Ein Gespräch beginnen und aufrechterhalten«).
e. Schüler, die große Ängste haben, ein Gespräch zu initiieren, benötigen zuerst Fähigkeiten zum Umgang mit ihren Ängsten. Erst dann können sie einen Plan erstellen, um unbekannte Menschen kennenzulernen.

Generalisierung

Vorbereiten

Einen Aktionsplan zu erstellen, ist der Schlüssel zur Vorbereitung dieser Fähigkeit. Zusätzlich könnte man »Ein Gespräch beginnen und aufrechterhalten« mit passendem Rollenspiel wiederholen, bevor der Schüler mit unbekannten Schülern spricht.

Üben erleichtern

Die Schüler werden dazu ermutigt, ihren Aktionsplan bei sich zu tragen. Gelegentlich kann es notwendig sein, Verstärkung für die ersten Male anzubieten, bis der Schüler sich mit seinem neuen Freund wohlfühlt.

Reflexion

Die Bemühungen des Schülers können im Anschluss an die Erstbegegnung mit einem potentiellen Freundreflektiert werden. Hierbei sollten alle Probleme, die den Kontakt mit einer neuen Person behindert haben, diskutiert werden. Wenn Angst im Weg ist, sollte man die Aufgabe in kleinere Schritte teilen (z. B. nur »Hallo« sagen, anstatt ein ganzes Gespräch zu führen). Außerdem ist es möglich, dass ein Erwachsener zunächst die Schüler einander vorstellt, so dass dies den Schülern abgenommen wird.

Empathisches Zuhören

Begründen

Eine der wichtigsten Eigenschaften guter Freunde ist die Fähigkeit, deinem Freund so zuzuhören, so dass er sich verstanden fühlt. Oft geht es der Person besser, wenn man zuhört, anstatt Ratschläge zu erteilen. Manchmal wollen die Menschen nicht, dass man das Problem für sie löst, sondern brauchen nur jemanden der ihnen zuhört und Verständnis zeigt. Gutes Zuhören ist ein Geschenk, das Freunde sich geben können und das dazu beiträgt, dass sie gerne mit dir zusammen sind. Am schwersten ist es, anderen empathisch zuzuhören, wenn sie sauer auf einen sind. Passiert dies, nutze die Fähigkeiten zur »Konfliktlösung«.

Schritte zum empathischen Zuhören

Empathie meint das Verstehen der Gefühle anderer. Manchmal ist auch gemeint, dass man fühlt, was die andere Person fühlt. Empathisches Zuhören ist Zuhören, das dem anderen vermittelt, dass du ihn verstehst und eventuell sogar fühlst, was er oder sie fühlt. Folge den Schritten 1 bis 4, um dein Verständnis für die Gefühle des Gegenübers zu zeigen. Schritt 5 ist optional. Du kannst hier kommunizieren, dass du genauso fühlst wie die Person.

1. **Nimm eine gute Zuhörerposition ein:** Sieh die Person an und zeige mit deinem Blickkontakt, dass du zuhörst.
2. **Spiegele, was du gehört hast:** Nachdem die Person gesprochen hat, finde heraus, ob du richtig verstanden hast, was sie gesagt hat. Du kannst sagen, »Mal sehen, ob ich das richtig

verstanden habe. Du hast gesagt, dass ...« (wiederhole mit eigenen Worten, was du gehört hast). Dann fragst du »Ist das richtig?«
3. **Frag »Was noch?«** Du sollst der Person Zeit lassen, genau zu sagen, was in ihr vorgeht, und nicht eilig unterbrechen oder sagen, was die Person tun soll.
4. **Gefühle bestätigen:** Dies bedeutet zu bestätigen, dass man verstanden hat, wie die Person sich fühlt, auch wenn man sich selbst nicht so fühlen würde. Du kannst sagen: »Es macht Sinn, dass du dich so fühlst, nach allem was passiert ist.« Das ist sehr schwer, wenn die Person ärgerlich mit einem ist. Du musst jedoch nicht zustimmen, nur zeigen, dass du verstanden hast.
5. **Sich Einfühlen:** Bei diesem letzten Schritt kommunizierst du, dass du fühlst, was die andere Person fühlt. Dein Ton und Gesicht müssen ein Gefühl zeigen, das zum Gefühl der Person passt (z. B. traurig aussehen, wenn die Person traurig ist, aufgeregt oder glücklich sein, wenn die Person so fühlt). Du kannst sagen: »Ich fühle mich ____ über das, was dir passiert ist.«

Vermeide es, die Gefühle des anderen zu entkräften

- Versuche nicht, eine Problemlösung zu finden, bevor du gezeigt hast, dass du die Gefühle der Person verstehst.
- Treffe keine Aussagen, die vermitteln, dass es nicht ok ist, sich wie die Person zu fühlen. Sage zum Beispiel nicht: »Das ist kein großes Ding, steh doch darüber.«
- Wenn die andere Person ärgerlich mit dir ist, sag nicht, dass es falsch ist, so zu fühlen wie die Person. Bestätige die Gefühle (d. h. sag, dass du verstehst, was die Person fühlt) und frage dann, ob du deine Gefühle erklären kannst. Du kannst dann

erklären, was du denkst und anders fühlst, auch wenn du die Gefühle der anderen Person verstehst. Du kannst eine »Ich-Botschaft« nutzen: »Ich fühle mich _____, wenn du _____, weil _____. Ich möchte _____.«

Empathisches Zuhören – Aktivitäten

Unterrichten

Erklären Sie die Begründung und die Schritte für empathisches Zuhören mit Hilfe der obenstehenden Sätze.
1. **Modellieren** Sie die einzelnen Schritte. Sie können das richtige Zuhören darstellen, aber eventuell auch falsche Beispiele, um zu zeigen, wie man aus Versehen nicht unterstützt oder entkräftet. Lassen Sie jemanden so tun, als hätte er einen kleinen Autounfall gehabt. Sie hören sich die Geschichte dazu an und demonstrieren die Schritte für korrektes wie auch inkorrektes empathisches Zuhören.
   a. Zeigen Sie die falsche und die richtige Zuhörerposition.
   b. Zeigen Sie genaues und ungenaues Spiegeln des Gehörten.
   c. Zeigen Sie, wie man fragt, ob noch mehr passiert ist, anstatt die Person mit Ratschlägen zu unterbrechen.
   d. Zeigen Sie, wie man die Gefühle bestätigt, indem man demonstriert, wie ärgerlich jemand sein muss, anstatt die Gefühle zu entkräften und zu sagen es sei kein großes Ding.
   e. Zeigen Sie, wie man ärgerlich sein kann, anstatt zu sagen, dass man nie so sauer wegen solch einer Kleinigkeit wäre.
2. Lassen Sie Mitschüler im Rollenspiel die Schritte zeigen. Jeder kann dabei von einer Situation berichten, die ihn sehr glücklich

oder sehr ärgerlich gemacht hat. Auch die folgenden Situationen kann man zur Übung nutzen.
a. Ein Schüler beschreibt, wie er einen Preis gewonnen hat, und ist sehr glücklich darüber.
b. Ein Schüler beschreibt, wie sein älterer Bruder einen Preis gewonnen hat, und ist ärgerlich, weil er glaubt, nie etwas zu gewinnen.
c. Ein Schüler erzählt seinem Freund, dass er sauer auf ihn ist, weil er beim Mittagessen nie neben ihm sitzt. Zeigen Sie, wie der Freund die Gefühle des Schülers bestätigen kann, und dann sagt, wie er denkt und fühlt (z. B. er findet, dass er manchmal neben dem Schüler sitzt, manchmal aber auch bei anderen sitzen möchte).
d. Lassen Sie einen Schüler etwas erzählen, dass die anderen Schüler nicht besonders interessiert, so dass die Zuhörer herausgefordert sind, trotzdem ihr Verständnis zu zeigen. Man könnte zum Beispiel erzählen, dass man sehr ärgerlich ist, weil jemand vor einem auf dem Weg zum Aufzug sehr langsam gelaufen ist. Hier kann man sehen, ob der Schüler die Gefühle spiegeln kann, auch wenn er nicht versteht, wieso man darüber ärgerlich ist.

Generalisierung

Vorbereiten

Ein Schüler muss immer an das empathische Zuhören erinnert werden, wenn ein Freund ärgerlich oder sehr glücklich ist. Manchmal kann man das vorhersehen: etwa wenn man mitbekommt, dass ein Freund eine Erfahrung macht, die wahrscheinlich starke Emotionen hervorruft.

Üben erleichtern

Auch wenn das Leben zahlreiche Möglichkeiten bietet, um empathisch zuzuhören, können Erwachsene Situationen schaffen, in denen der Schüler die Möglichkeit zum Üben bekommt. Man kann dem Schüler von Situationen berichten, die einen sehr ärgerlich oder glücklich gemacht haben und ihn beim Zuhören und Anerkennen der Gefühle coachen. Eine echte Herausforderung stellen Situationen dar, die den Schüler nicht interessieren, so dass er sich anstrengen muss Verständnis zu zeigen (z. B. kann ein männlicher Schüler zuhören, wie ein Mädchen über einen abgebrochenen Fingernagel berichtet und wie ärgerlich sie ist, da die Nägel viel Arbeit waren).

Reflexion

Geben Sie unmittelbar Feedback, wenn der Schüler etwas Entkräftendes sagt. Versuchen Sie, dies zu unterbinden, bevor er damit die andere Person verärgert. Lenken Sie zurück zu den einzelnen Schritten, besonders dazu, Verständnis zu zeigen, wenn der Schüler sich selbst nicht so fühlt.

Anteilnahme und Fürsorge für die Gefühle anderer zeigen

Begründung

Anteilnahme und Fürsorge für andere Personen zu zeigen ist eine der wichtigsten Fähigkeiten, um Freundschaften aufrechtzuerhalten und miteinander vertrauter zu werden. Genauso wichtig ist diese Fähigkeit, um eine Anstellung zu erhalten und beizubehalten. Kümmert man sich um die Personen um einen herum, wollen die Menschen einen dabei haben. Zusätzlich zum empathischen Zuhören (siehe oben) gibt es eine Reihe Reaktionen die zeigen, dass man sich um andere kümmert.

Schritte um Anteilnahme und Fürsorge zu zeigen

1. Achte auf Zeichen, ob eine Person ärgerlich ist. Anteilnahme und Fürsorge zu zeigen, beginnt damit, zu merken, wenn jemand besonders ärgerlich oder glücklich ist. Diese Unterscheidung ist wichtiger als die Unterscheidung zwischen verschiedenen Gefühlen. Die spezifische Emotion kann später bei der Person erfragt werden. Zunächst ist es wichtig zu wissen, ob die Person im Wesentlichen glücklich oder ärgerlich ist, denn dies ist die Basis dafür, dass das Gegenüber sich verstanden fühlt. Viele Schüler können das, wenn sie darauf achten, aber einige Schüler brauchen hierbei Hilfe. (Übungen dazu finden Sie bei den folgenden Aktivitäten)
2. Wenn jemand sehr fröhlich ist, sage: »Du siehst ja echt happy aus, ist etwas Tolles passiert?« Sage, dass du dich darüber freust.

Wenn jemand ärgerlich aussieht oder ruhig und auf Abstand ist, frage: »Alles ok?« oder »Was ist los?« Abhängig von der Antwort kannst du einen unterstützenden Kommentar machen:
- Erzähle von einer ähnlichen Erfahrung. Sag: »Ich weiß, wie du dich fühlst, mir ist mal etwas Ähnliches passiert ...«
- Bestätige die Gefühle der Person. Sag: »Klar, dass es dir so geht nach allem was passiert ist.«
- Widerlege negative Aussagen. Sagt eine Person beispielsweise, dass alle sie hassen, sag: »Ich mag dich und weiß, dass viele andere es auch tun.«
- Frage die Person, ob sie etwas Schönes unternehmen möchte, um sich abzulenken.
- Frag, ob du helfen kannst.

3. Lache oder ärgere nicht. Entkräfte die Gefühle nicht, indem du sagst, die Person solle sich nicht so fühlen.

Anteilnahme und Fürsorge für die Gefühle anderer zeigen – Aktivitäten

Unterrichten

1. **Erklären** Sie, warum es wichtig ist, Fürsorge und Anteilnahme für die Gefühle anderer zu zeigen. Beschreiben Sie, wie man die Gefühle identifiziert und mit unterstützenden Aussagen reagiert. Viele Schüler können Gefühle identifizieren, wenn sie sich darauf konzentrieren. Trotzdem brauchen manche Schüler dafür Unterstützung. Am wichtigsten ist es, zwischen positiven und negativen Gefühlen zu unterscheiden, um zu

wissen, wie man sich annähern kann. Die folgenden Übungen fördern die Identifikation von Gefühlen:
  a. Machen Sie Gesichtsausdrücke und den Klang der Stimme bei positiven bzw. negativen Gefühlen vor (Diese grobe Unterscheidung ist wichtiger als Feinheiten wie die Unterscheidung von traurig oder wütend).
  b. Schauen Sie sich unterschiedliche Gesichtsausdrücke in Zeitungen, Fernsehsendungen oder Kinofilmen an.
2. **Modellieren** Sie die Schritte und machen Sie **Rollenspiele**, um Fürsorge und Anteilnahme zu zeigen. Mögliche Rollenspiele sind:
  a. Tun Sie so, als sei jemand hingefallen und bräuchte Hilfe, um wieder aufzustehen.
  b. Tun Sie so, als hätte jemand etwas verloren und bräuchte Hilfe, um es wiederzufinden.
  c. Tun Sie so, als hätte jemand Probleme mit den Schularbeiten und ist dadurch aufgebracht. Bieten Sie dem Schüler an, ihm mit seiner Arbeit zu helfen.
  d. Tun Sie so als sei jemand traurig, da er nicht für das Schultheaterstück ausgewählt wurde. Machen Sie ermutigende Bemerkungen über die schauspielerischen Fähigkeiten und folgende Aufführungen.

Eine andere gute Möglichkeit, die Fähigkeit zu üben, ist das Spiel »Mach mich glücklich«. Die Schüler wechseln sich dabei ab, Situationen (siehe unten oder aktuelle Situationen der Schüler) zu spielen, die sie aufregen. Die anderen Schüler müssen die Situation erraten. Das Spiel ist wie Scharade und kann mit oder ohne sprechen erfolgen. Wurde die Situation erraten, sollen die Schüler abwechselnd unterstützende Bemerkungen machen. Die Bemerkungen finden sich oben und können von den Schülern genutzt werden. Beispielsituationen und unterstützende Reaktionen sind:

a. Jemand fällt durch einen Test durch. (»Ich weiß wie du dich fühlst, mir ist das auch schon oft passiert.« »Der Test war überhaupt nicht fair.« »Soll ich dir beim nächsten Mal helfen?«)
b. Keiner möchte mit einem Schüler am Abschlussball tanzen. (»Ich kann nie jemand finden, der mit mir tanzen will.« »Sie wissen nicht, was sie verpassen, du bist ein guter Tänzer.« »Lass uns was spielen anstatt darüber nachzudenken.«)
c. Jemand wird gehänselt, er sei hässlich. (»Du bist nicht hässlich.« »Ich werde auch manchmal geärgert. Glaub nicht, was sie sagen.«)
d. Ein Elternteil eines Schülers ist sehr krank. (»Tut mir leid, dass zu hören. Kann ich irgendwas tun?« »Ich kenne jemand, der die gleiche Krankheit hatte und völlig geheilt wurde.« »Möchtest du darüber sprechen oder dich lieber ablenken?«)

Generalisierung

Vorbereiten

Die Schüler können auf die Nutzung ihrer Fähigkeiten vorbereitet werden, wenn sie erfahren, dass ein bestimmter Freund eine Erfahrung macht, die ihn aufgeregt oder glücklich stimmt.

Üben erleichtern

Auch wenn das Leben zahlreiche natürliche Möglichkeiten bietet, die Fähigkeit zu üben, können Erwachsene Situationen schaffen, in denen der Schüler die Möglichkeit zum Üben bekommt. Das heißt, man muss etwas tun, was vom Schüler Verständnis erfordert. Man kann zum Beispiel ärgerlich aussehen oder etwas fallen lassen oder verlieren. Geben Sie dem Schüler Prompts/Hilfen oder warten Sie, dass er fragt, ob alles ok ist, oder Hilfe anbietet.

Reflexion

Loben Sie positive Reaktionen und korrigieren sie unangebrachte Arten, Verständnis zu zeigen. Wenn ein Schüler zum Beispiel nicht merkt, dass jemand aufgebracht ist oder versucht zu helfen, obwohl die Person keine Hilfe möchte.

Freundschaften vertiefen: Vertrauliche Informationen teilen

Begründung

Die Basis von Freundschaften ändert sich mit dem Alter der Menschen. In sehr jungen Jahren wählen die Kinder ihre Freunde aus der Nachbarschaft oder aufgrund von gemeinsamen Aktivitäten und Spielsachen. Im späteren Grundschulalter wählen Kinder ihre Freunde auf der Basis gemeinsamer Interessen. Ab der weiterführenden Schule basieren Freundschaften auf dem Teilen von Gefühlen, Gedanken und vertraulichen Erfahrungen. Wenn sich Freunde dazu entscheiden, persönliche Informationen miteinander zu teilen, ist das ein Zeichen für gegenseitiges Vertrauen und Verantwortung. Jeder vertraut dem anderen, dass er die persönlichen Informationen vertraulich behandelt. Die Freunde ehren sich gegenseitig durch das Teilen der Informationen, die sie mit niemand anders teilen würden. Das Teilen der vertraulichen Informationen ist die Basis für emotionale Vertrautheit.

Welche Informationen sind »vertraulich«?

Vertrauliche Informationen sind Informationen, von denen man nicht möchte, dass sie jeder kennt. Man spart sie sich für Menschen auf, von denen man weiß, dass sie unterstützend und empathisch reagieren, wenn sie die Information erhalten. Außerdem erwartet man dabei, dass sie die Information geheim halten (d. h. sie werden es niemand anderem ohne deine Erlaubnis erzählen). Diese Informationen sollte man vertraulich behandeln:

- Erfahrungen aus der Vergangenheit, die starke positive oder negative Gefühle hinterlassen haben
- Sorgen und Wünsche für die Zukunft
- Gedanken, Anliegen und Gefühle über sich selbst oder nahestehende Angehörige
- Extreme religiöse oder politische Einstellungen

Wem sollte man vertrauliche Informationen anvertrauen?

Die Entscheidung, vertrauliche Informationen mit jemandem zu teilen, basiert auf deinem Gefühl für die Person und dem Wunsch, die Freundschaft zu vertiefen. Du musst darauf vertrauen, dass die Person dich nicht für deine Gefühle und Gedanken verurteilt und die Informationen vertraulich behandelt, wenn du das willst.

- Menschen, die du gerade erst kennengelernt und mit denen du noch nie gesprochen hast, sollten nicht die Menschen sein, mit denen du vertrauliche Informationen teilst.
- Hattest du bereits ein Gespräch mit einer Person über weniger persönliche Themen (z. B. Name, Schule, Arbeit, Interessen und andere Themen der Fähigkeit »Unbekannte Menschen kennenlernen«), kannst du feststellen, ob die Person unterstützend oder unfreundlich ist. Wenn die Person positiv auf dich gewirkt hat und nichts Beleidigendes gesagt hat, kannst du das Risiko eingehen, eine vertrauliche Information zu teilen. Wirkte die Person im Gegensatz dazu desinteressiert oder hat dich beleidigt, solltest du das Risiko nicht eingehen.

Auf vertrauliche Informationen anderer reagieren

Gehen andere das Risiko ein und teilen vertrauliche Informationen mit dir, ist es wichtig, dass du richtig reagierst, um die Freundschaft aufrechtzuerhalten oder zu vertiefen. Das solltest du tun:
- Sei ein empathischer Zuhörer (siehe die Fähigkeit empathisches Zuhören).
- Zeig deine Anteilnahme und Fürsorge durch unterstützende Bemerkungen (siehe Fähigkeit »Anteilnahme und Fürsorge für die Gefühle anderer zeigen«)
- Behandele die Information vertraulich (d. h. sag es niemand anderem), es sei denn, es wird dir erlaubt, darüber zu sprechen.

Freundschaften vertiefen: Vertrauliche Informationen teilen - Aktivitäten

Unterrichten

1. **Erklären** und begründen Sie, warum man vertrauliche Informationen mitteilt. Geben Sie außerdem Beispiele für persönliche Informationen. Diskutieren Sie, wer geeignete Empfänger für die vertraulichen Gedanken und Gefühle sind und wie man auf die privaten Informationen anderer reagiert.
2. **Nutzen Sie das Format einer Spielshow, um zu besprechen, was vertrauliche Inhalte sind.** Für jede der untenstehenden Situationen sollen die Schüler bestimmen, ob es sich um vertrauliche Informationen handelt und ob sie sie jedem oder nur engen Freunden mitteilen würden:

a. Anderen erzählen, auf welche Schule man geht (wahrscheinlich nicht zu persönlich, kann man mit den meisten Menschen teilen).
b. Ein Schüler berichtet, dass er als Kind missbraucht oder belästigt wurde. (Das ist wahrscheinlich eine vertrauliche Information, die man nur mit Leuten teilt, denen man vertraut.)
c. Anderen erzählen, welche Sendungen und Kinofilme man gerne schaut. (Dies kann, muss aber keine vertrauliche Information sein. Wenn die Sendungen üblich für deine Altersgruppe sind, ist es nicht zu persönlich. Sind es aber Sendungen für jüngere Kinder, besteht die Gefahr, dafür gehänselt zu werden. Es ist am besten, dies nur vertrauenswürdigen Personen zu erzählen.)
d. Anderen erzählen, wo man arbeitet. (Das ist wahrscheinlich nicht zu persönlich, es sei man könnte dich für deinen Job hänseln.)
e. Anderen erzählen, wen man anziehend findet. (Das ist eine vertrauliche Information, die man nur mit freundlichen Menschen teilen sollte, die diese Information vertraulich behandeln.)
f. Ein Schüler erzählt anderen, dass er sich manchmal wünscht, das andere Geschlecht zu haben. (Das ist eine vertrauliche Information, die man nur mit freundlichen Menschen teilen sollte, die diese Information vertraulich behandeln.)
g. Du erzählst anderen, dass du einen Auftrag nicht verstanden hast. (Das könnte vertraulich sein, da manche Schüler grausam sein könnten und dich damit hänseln, während andere nett sind und dir helfen.)

3. Die Schüler können eine Liste erstellen, welchen Personen sie ihre privaten Gedanken und Gefühle anvertrauen und welche Freundschaften sie weiter entwickeln wollen. Sie können einen Plan erstellen, mit welchen Personen sie in den nächsten Wochen Informationen teilen wollen.

Generalisierung

Vorbereiten

Die Schüler brauchen Unterstützung, bevor sie in eine Situation kommen, in der sie nicht vertrauenswürdigen Menschen private Dinge erzählen können.

Üben erleichtern

Die Schüler können dabei unterstützt werden, ähnliche Erfahrungen, Gedanken und Gefühle mit den Menschen zu teilen, denen sie vertrauen. Kleine Therapiegruppen sind dafür ideal. Gibt es diese nicht, können die Schüler planen, dass sie ihre Informationen mit engeren Freunden oder anderen Vertrauenspersonen teilen.

Reflexion

Jedes Mal, wenn ein Schüler vertrauliche Informationen zu früh oder mit nicht vertrauenswürdigen Personen teilt, sollte man diskretes Feedback geben. Man kann erneut erklären, mit wem man vertrauliche Informationen teilt und mit wem nicht. Ebenso sollte man den Schüler anleiten empathisch und unterstützend zu sein, wenn er nicht angemessen auf vertrauliche Informationen eines Freundes reagiert.

7 Zusammenfassung

Für den erfolgreichen Umgang mit herausforderndem Verhalten und Ängsten sowie das Unterrichten von sozialen Fähigkeiten muss man das folgende kognitive Verhaltensmodell berücksichtigen:

Kognitives Verhaltensmodell

Umweltauslöser ➔ Biologische Einflussfaktoren ➔ Kognition/Denken ➔ Verhalten und emotionale Reaktion ➔ Konsequenzen der Umwelt

Abb. 7.1: Kognitives Verhaltensmodell

Basierend auf diesem Modell gibt es verschiedene Interventionsmöglichkeiten, um Verhalten zu verändern. Verändern lassen sich die Auslöser eines Verhaltens, der biologische Zustand, Denk- und Umgangsweisen sowie die Konsequenzen, die die

Wahrscheinlichkeit für das wiederholte Auftreten eines Verhaltens beeinflussen.

Auslöser verändern

Kapitel 3 beschäftigte sich mit dem Umgang von herausforderndem Verhalten. Der Fokus lag hier auf Methoden, die Auslöser zu verändern, angemessener auf sie zu reagieren und eine bessere Denkweise über sie zu entwickeln. Ein Schüler, der beispielsweise schwere Hausaufgaben zu machen hat, sollte lernen, nach Hilfe zu fragen. Außerdem kann man den Schweregrad der Aufgaben verändern. Hat ein Kind Schwierigkeiten, Fehler zu machen und korrigiert zu werden, sollte man das Kind nicht direkt auf seine Fehler hinweisen, bis es gelernt hat, dass Fehler zum Lernprozess gehören. Ebenso kann ein Kind, das Probleme hat zu warten, von einem Timer oder einem visuellen Plan profitieren. Kinder, die von zu viel Lärm überfordert sind, brauchen eine ruhigere Umgebung, um sich von der Überstimulation zu erholen. Zusammengefasst heißt das, dass die Umwelt manchmal verändert werden muss, um die Wahrscheinlichkeit für Verhalten zu verringern, das außer Kontrolle geraten ist.

Biologischer Zustand

In Kapitel 3 und 4 wurden biologische Interventionen vorgestellt, die einen Einfluss auf Stimmung, Aufmerksamkeit und Selbstkontrolle haben. Hierzu gehören aerobe Sportarten, Achtsamkeitsmeditation, Neurofeedback und Medikamente. Achtsamkeit ist gleichzeitig eine biologische und kognitive Intervention, wie im folgenden Abschnitt erklärt wird. Diese Methoden können stresserzeugende Auslöser abmildern und den effektiven Umgang mit ihnen verbessern. Medikamente sind jedoch nicht die erste Wahl, da das Risiko für Nebenwirkungen besteht. Dennoch können sie effektiv sein, wenn andere Interventionen erfolglos waren und die Situation Krisenstatus hat.

Kognitionen/Denken für den Umgang mit Situationen

Die meisten Fähigkeiten aus Kapitel 3, 4 und 5 beinhalten eine Veränderung des Denkens über die Situation, um sich anders zu verhalten. Kapitel 3 stellte Fähigkeiten zum Umgang mit Frustration dar. Es ist hierbei zentral, dass das Denken über die frustrierenden Situationen verändert wird. Hierzu müssen Betroffene **klar trennen zwischen der Langzeitverstärkung für das Ruhigbleiben und der Kurzzeitverstärkung für wütendes Protestieren.** Beispielsweise hilft es beim Umgang mit schweren Aufgaben langfristig mehr, nach Hilfe zu fragen und die Aufgabe aufzuteilen, anstatt kurzfristig wütend zu werden und die Arbeit zu verweigern. Ähnlich verhält es sich beim Akzeptieren von »Nein«, welches auf Dauer »lohnender« ist als eine Protesthaltung. Beim Verlieren eines Spiels ruhig zu bleiben, kann auf lange Sicht dazu führen, Freunde zu gewinnen. Auch an Fehlern und dem richtigen Umgang mit ihnen wächst man langfristig. Ruhigbleiben in frustrierenden Situationen lohnt sich langfristig, ist also die versteckte langfristige Verstärkung.

Kapitel 4 beschäftigte sich mit Ängsten und der Veränderung des Denkens über die angstauslösende Situation. Hier sollten Betroffene lernen, **wie ein Wissenschaftler zu denken** und die Wahrscheinlichkeit für das Eintreffen der Ängste zu **beurteilen**. Zwei Fragen kann man als Wissenschaftler stellen: (1) Wie wahrscheinlich ist es, dass etwas Schlechtes passiert? (2) Wie schlimm wäre es, wenn es wirklich eintritt? Eine andere interessante Methode ist die Praxis der Achtsamkeit. Dabei wird die Aufmerksamkeit auf den Moment gelenkt, um den Stress der Sorgen über Vergangenheit und Zukunft abzubauen. Achtsamkeit reduziert nachweislich Ängste ebenso wie einige Medikamente gegen Angst und Antidepressiva.

Kapitel 5 legte den Fokus auf das Unterrichten von sozialen Fähigkeiten. Der Schlüssel zu den meisten sozialen Fähigkeiten liegt darin, **über die Perspektive der anderen Personen nachzudenken**. Ein gutes Gespräch basiert zum Beispiel auf Themen, die für den Anderen relevant und interessant sind. Empathisches Zuhören beinhaltet das Spiegeln und Bestätigen der Sichtweise der anderen Person. Um Anteilnahme und Fürsorge zu zeigen, muss man die richtigen Worte treffen. So erfährt der Andere, dass seine Gefühle normal sind und kann dann positiver über sich denken.

Konsequenzen/Verstärkung

Junge Kinder und Kinder mit niedrigem Funktionsniveau profitieren meist von extrinsischer Verstärkung für das Zeigen erlernter Fähigkeiten. Am besten ist es hierbei, wiederholt zwischen verschiedenen Verstärkern wählen zu lassen, da die Vorlieben sich verändern. Teenager und Erwachsene ebenso wie Kinder mit hohem Funktionsniveau benötigen demgegenüber meist keine extrinsische Verstärkung, um motiviert zu sein. Die intrinsische Verstärkung durch Emotionskontrolle, Senkung der Ängste und besseren sozialen Umgang mit Anderen wirkt hier verstärkend genug. Bei diesen Individuen betont man den gemachten Fortschritt mit seinen positiven Effekten auf das Leben.

Literaturhinweise

American Psychiatric Association (2013). *Diagnostic and statistical manual of mental disorders (DSM-5® 5th edition)*. Washington, DC: American Psychiatric Association.

Baker, J. E. (2001). *Social skills picture books*. Arlington, TX: Future Horizons.

Baker, J. E. (2003). *Social skills training for children and adolescents with Aspergers syndrome and social communication problems*. Shawnee Mission, KS: AAPC.

Baker, J. E. (2005). *Preparing for life: the complete guide to transitioning to adulthood for those with Autism and Aspergers Syndrome*. Arlington, TX: Future Horizons.

Baker, J. E. (2006). *The social skills picture book for high school and beyond*. Arlington, TX: Future Horizons.

Baker, J. E. (2008). *No more meltdowns*. Arlington, TX: Future Horizons.

Baker, J. E. (2013). *No more victims: protecting those with autism from cyber bullying, internet predators, & scams*. Arlington, TX: Future Horizons.

Baker, J. E. (2015). *Overcoming anxiety in children and teens*. Arlington, TX: Future Horizons.

Bellini, S. & Akullian, J. (2007). A meta-analysis of video modeling and video self-modeling interventions for children and adolescents with autism spectrum disorders. *Exceptional Children, 73*, 261–284.

Bellini, S. & Peters, J. (2008). Social skills training for youth with autism spectrum disorders. *Child and Adolescent Psychiatric Clinics of North America, 17*, 857–873.

Bellini, S., Peters, J., Berner, L. & Hopf, A. (2007). A meta-analysis of school-based social skills interventions for children with autism spectrum disorders. *Remedial and Special Education, 28* (3), 153–162.

Bernard-Opitz, V. (2014). *Visuelle Methoden in der Autismus-spezifischen Verhaltenstherapie (AVT). Das Cartoon und Skript-Curriculum zum Training von Sozialverhalten und Kommunikation*. Stuttgart: Kohlhammer.

Literaturhinweise

Blumenthal, J. A., Babyak, M. A., Moore, K. A., Craighead, W. E., Herman, S., Khatri, P., Waugh, R., Napolitano, M. A., Forman, L. M., Appelbaum, M., Doraiswamy, P. M. & Krishnan, K. R. (1999). Effects of exercise training on older patients with major depression. *Arch Intern Med. Oct 25, 159* (19), 2349–2356.

Carmichael, M. (2007). Health for life: exercise and the brain. *Newsweek*, March 26, 38–46.

Crick, N. R. & Dodge, K. A. (1994). A review and reformulation of social information-processing mechanisms in children's social adjustment. *Psychological Bulletin, 115*, 74–101.

Crooke, P. J., Hendrix, R. E. & Rachman, J. Y. (2007). Brief report: measuring the effectiveness of teaching social thinking to children with asperger syndrome (AS) and high functioning autism (HFA). *Journal of Autism and Developmental Disorders*. DOI: 10.1007/s10803-007-0466-1.

Dawson, G., Rogers, S. Munson, J., Smith, M., Winter, J., Greenson, J., Donaldson, A., Varley, J. (2009). Randomized, controlled trial of an intervention for toddlers with autism: the early start denver model. *Pediatrics, Nov 30*, e17–e23.

Durand, V. M. (2011). *Optimistic parenting: hope and help for you and your challenging child*. Baltimore, MD: Brookes Publishing.

Dweck, C. (2006). *Mindset: the new psychology of success*. New York, NY: Random House.

Garcia Winner, M. (2002). *Thinking about you, thinking about me*. San Jose, CA: Michelle G. Winner's Center for Social Thinking.

Garcia Winner, M. (2005). *Worksheets! for teaching social thinking and related skills*. San Jose, CA: Michelle G. Winner's Center for Social Thinking.

Goleman, D. (1997). *Emotional intelligence*. New York, NY: Bantam Books.

Gresham, F. M., Sugai, G. & Horner, R. H. (2001). Interpreting outcomes of social skills training for students with high-incidence disabilities. *Exceptional Children, 67*, 331–344.

Hammond, D. C. (2005). Neurofeedback treatment of depression and anxiety. *Journal of Adult Development, 12* (2/3), DOI: 10.1007/s10804-005-7029-5.

Häussler, A. et al. (2013). *SOKO-Autismus: Gruppenangebote zur Förderung Sozialer Kompetenzen bei Menschen mit Autismus: Erfahrungsbericht und Praxishilfen*. Dortmund: Verlag Modernes Lernen.

Jacobson, E. (1938). *Progressive relaxation*. Chicago, IL: University of Chicago Press.

Kenworthy, L., Anthony, L. G., Naiman, D. O., Cannon, L., Wills, M. C., Luong-Tran, C., Werner, M. A., Alexander, K. C., Strang, J., Bal, E., Sokoloff, J. L. & Wallace, G. L. (2013). Randomized controlled effectiveness trial of executive function intervention for children on the autism spectrum. *Journal of Child Psychology and Psychiatry, Nov 21*. DOI: 10.1111/jcpp.12161.

Koegel, R. L., & Koegel, L.K. (2006). *Pivotal response treatments for autism: communication, social, & academic development*. Baltimore, MD: Brookes Publishing.

Koning, C., Magill-Evans, J., Volden, J. & Dick, B. (2013). Efficacy of cognitive behavior therapy-based social skills intervention for school-aged boys with autism spectrum disorders. *Research in Autism Spectrum Disorders, 7*, 1282–1290.

Lofthouse, N., Arnold, L. E., Hersch, S. & Hurt, E. (2012). Current status of neurofeedback for attention-deficit/hyperactivity disorder. *Current Psychiatry Report*, DOI: 10.1007/s11920-012-0301-z.

Lovaas O. I. (1987). Behavioral treatment and normal educational and intellectual functioning in young autistic children. *Journal of Consulting & Clinical Psychology, 55*, 3–9.

Mateson, J., Mateson, M. & Rivet, T. (2007). Social skills treatments for children with autism spectrum disorders: an overview. *Behavior Modification, 31* (5), 682–707.

McGinnis, E. & Goldstein, A. (1997). *Skillstreaming the elementary school child: new strategies and perspectives for teaching prosocial skills*. Champaign, IL: Research Press.

Meiklejohn, J., Phillips, C., Freedman. M. L., Griffin, M. L., Biegel, G., Roach, A., Frank, J., Burke, C., Pinger, L., Soloway, G., Isberg, R., Sibinga, E., Grossman, L. & Saltzman, A. (2012). Integrating mindfulness training into K-12 education: fostering the resilience of teachers and students. *Mindfulness, 3* (4), 291–307.

Myles, B. S. & Southwick, J. (2005). *Asperger syndrome and difficult moments: practical solutions for tantrums, rage and meltdowns*. Shawnee Mission, KS: AAPC.

Otto, M. & Smits, J. A. J. (2011). *Exercise for mood and anxiety: proven strategies for overcoming depression and enhancing well-being*. New York, NY: Oxford University Press.

Rapee, R. (2008). *Helping your anxious child: a step-by-step guide for parents* (2nd edition). Oakland, CA: New Harbinger Publications.

Reaven, J., Blakeley-Smith, A., Nichols, S. & Hepburn, S. (2011). *Facing your fears: group therapy for managing anxiety in children with high-functioning autism spectrum disorders*. Baltimore, MD: Brookes Publishing.

Segal, Z. V., Bieling, P., Young, T., MacQueen, G., Cooke, R., Martin, L., Bloch, R. & Levitan, R. D. (2010). Antidepressant monotherapy vs sequential pharmacotherapy and mindfulness-based cognitive therapy, or placebo, for relapse prophylaxis in recurrent depression. *Arch Gen Psychiatry, 67* (12), 1256–1264. DOI:10.1001/archgenpsychiatry.-2010.168.

Sinn, N. & Bryan, J. (2007). Effect of supplementation with polyunsaturated fatty acids and micronutrients on ADHD-related problems with attention and behavior. *Journal of Developmental & Behavioral Pediatrics, 28* (2), 82–91.

Sundberg, M. L. & Partington, J. W. (1998). *Teaching language to children with autism or other developmental disabilities*. Pleasant Hill, CA: Behavior Analysts.

Trimarchi, C. L. (2004). *The implementation and evaluation of a social skills training program for children with asperger syndrome*. Unpublished doctoral dissertation, University at Albany, State University of New York.

Zum Autor

Dr. Jed Baker ist international renommierter Autismusexperte und Leiter der sozialen Trainingsprogramme für Menschen mit Autismus-Spektrum-Störungen der Millburn Public Schools (New Jersey, USA). Darüber hinaus ist er Autor und Herausgeber zahlreicher Werke sowie im Beirat von Fachbüchern und -zeitschriften wie z.B. Autism Today. Zu seinen wichtigsten Publikationen zählen:

Baker, J. E. (2015). *Overcoming anxiety in children and teens.* Arlington, TX: Future Horizons.
Baker, J. E. (2008). *No more meltdowns.* Arlington, TX: Future Horizons.
Baker, J. E. (2003). *Social skills training for children and adolescents with Aspergers syndrome and social communication problems.* Shawnee Mission, KS: AAPC.

E-Mail: jandbbaker@aol.com
Website: http://www.jedbaker.com/

Vera Bernard-Opitz
Christos Nikopoulos

Lernen mit ABA und AVT

Applied Behavior Analysis und Autismusspezifische Verhaltenstherapie

2016. 112 Seiten. Kart.
€ 19,-
ISBN 978-3-17-031675-1

Autismus Konkret

In den letzten zehn Jahren hat die Zunahme von Autismus Spektrum Störungen die Frage nach wirksamen und wissenschaftlich anerkannten Therapien in den Mittelpunkt gerückt. Ausgehend von den Erfolgen der intensiven Frühförderprogramme in den USA ist auch in Deutschland ein zunehmendes Interesse an ABA (Applied Behavior Analysis) und AVT (Autismus-spezifischer Verhaltenstherapie) zu beobachten. ABA/AVT wird als eine optimistische Methode zur Veränderung von Problemen und der Entwicklung von Fähigkeiten beschrieben die von Fachkräften wie auch Eltern und Hausteams erlernt werden kann. Therapeutische Hilfen werden konkret dargestellt, wobei die Leser einen Einblick in traditionelle und neue verhaltenstherapeutische Strategien erhalten. Wir hoffen, dass dieser Band der Serie „Autismus Konkret" schwerer und leichter beeinträchtigten Kindern und Jugendlichen eine echte Chance zu einer Entwicklung gibt, so dass eine Teilhabe am Leben der Gemeinschaft möglich wird.

Leseproben und weitere Informationen unter www.kohlhammer.de

W. Kohlhammer GmbH
70549 Stuttgart

Jed Baker

Soziale Foto-Geschichten für Kinder mit Autismus

Visuelle Hilfen zur Vermittlung von Spiel, Emotion und Kommunikation

2014. XXIX, 185 Seiten, 220 Abb., 1 Tab. Kart. € 49,99
ISBN 978-3-17-024215-9

Mithilfe von Foto-Geschichten, die eine große Bandbreite sozialer Alltagssituationen abbilden, können Kinder mit Autismus-Spektrum-Störungen und verwandten Entwicklungsstörungen angemessenes soziales Verhalten erlernen. Die Foto-Geschichten, die „richtiges" und „falsches" Verhalten und dessen Folgen anschaulich darstellen, bilden ein geeignetes und beliebtes Instrument in der Therapie von Autismus-Betroffenen. Anhand der Bilderstrecken und angeleitetem Rollenspiel können autistische Kinder sozial adäquates Verhalten verstehen und üben lernen.

Leseproben und weitere Informationen unter www.kohlhammer.de

W. Kohlhammer GmbH
70549 Stuttgart

Vera Bernard-Opitz

Kinder mit Autismus-Spektrum-Störungen (ASS)

Ein Praxishandbuch für Therapeuten, Eltern und Lehrer

3., überarbeitete und erweiterte Auflage 2014
296 Seiten, 58 Abb. Kart.
€ 39,99
ISBN 978-3-17-022465-0

Was sind Autismus-Spektrum-Störungen (ASS) und wie werden sie erfolgreich behandelt? Diese häufig von Eltern, Therapeuten und Lehrern gestellte Frage beantwortet dieses Praxishandbuch, das auf dem aktuellen internationalen Wissensstand von Diagnose und Therapie von Kindern mit autistischem Verhalten beruht. Anschaulich zeigt die Autorin konkrete Schritte zum Abbau von Verhaltensproblemen und zur Entwicklung kognitiver, sozialer und kommunikativer Fähigkeiten auf. In ausführlichen Übungssequenzen stellt sie etablierte wie neue Trainingsmethoden (Präzisionslernen, diskretes Lernen, TEACCH, erfahrungsorientiertes Lernen) im Detail vor, die sich auch in der Familie zu Hause praktizieren lassen. Die 3. Auflage bietet eine Erweiterung der Lernaufgaben, ein Update der Literatur sowie Hinweise auf neue Lernmöglichkeiten durch Mobile Apps für iPad und Tablet-PC.

Dieses Buch „ist ein Standardwerk für jeden an der Behandlung autistischer Störungen bei Kindern Interessierten."

Prof. em. Dr. Fritz Poustka, ehem. Klinik für Psychiatrie und Psychotherapie
des Kindes- und Jugendalters der J. W. Goethe-Universität Frankfurt/Main

Leseproben und weitere Informationen unter www.kohlhammer.de

W. Kohlhammer GmbH
70549 Stuttgart

Kohlhammer — 150 Jahre